너무아프지마,
결국원하는삶을
살테니

너무 아프지 마, 결국 원하는 삶을 살 테니

고경호 지음

21세기북스

아빠
나
엄마

저의 20대는 '가난' '원망' '불안'

이렇게 세 단어로 요약할 수 있습니다.

20대 때의 제 꿈은 가난을 벗어나 사랑하는 사람과 결혼해

저를 닮은 아기를 낳고 알콩달콩 살아가는 것이었습니다.

당시 세상은 저에게 그렇게 평범해 보이는 삶조차

쉽게 허락할 것 같지 않았습니다.

하지만 여섯 살 딸아이가 그린 옆의 그림처럼

저는 그 꿈을 이루었습니다.

그뿐만 아니라 그보다 더 큰 꿈도 이루었습니다.

이제 당신이 꿈을 이룰 차례입니다.

제가 당신의 꿈을 지지하고 응원하겠습니다.

: 2012년 10월, 고경호 드림 :

크리스마스의 추억

1998년 12월 24일, 나는 세상에서 가장 슬픈 크리스마스이브를 보냈다. 그날 아침 눈을 뜨자마자 눈물이 쏟아졌다. 그렇게 울기 시작해 한 시간을 울었는지 두 시간을 울었는지 모르겠다. 눈물이 마르도록, 목이 쉬도록 오랫동안 소리 내어 울었다. 세상과 부모님에 대한 원망, 현실에 대한 비관, 미래에 대한 불안감이 내 심장을 가득 채웠다. 그러던 중 옷걸이에 길게 매달린 허리띠를 보았다. 나도 모르게 자리에서 일어나 허리띠의 양 끝을 모아서 버클을 채운 뒤 문고리에 걸었다. 그러고 나서 문에 등을 기대고 앉아 허리띠에 목을 걸었다. 몇 번의 망설임 끝에 몸의 힘을 빼자 '컥' 하며 목이 죄여왔다. 현기증이 나면서 눈앞이 하애졌다. 그 순간 '이러다 정말 죽는 거구나'라는 생각에 겁이 나서 두 손으로 허리띠를 움켜잡고 목을 빼냈다. 그리고 또다시 울다가 잠이 들었다. 그날 나는 절망에 쫓겨 벼랑 끝에 내몰린 우울증 환자처럼 울다 자다를 반복하면서 하루를 보냈다. 더 이상 세상을 살아가고 싶은 의욕이 없었다. 그렇다고 죽을 용기도 없었다. 그렇게 악몽 같은 하루를 보낸 뒤 크리스마스를 맞이했다. 당시 나는 졸업을 한 학기 앞두고 휴학 중이던 대학생이었다.

그로부터 정확히 10년 뒤인 2008년 12월 24일, 나는 생애 최고의 크리스마스이브를 보냈다. 그날 오후 출판사 편집자로부터 반가운 이메일을 받았다. 내가 처음으로 집필한 책의 표지 디자인이 완성되었다는 소식이었다. 책이 인쇄에 들어갔다는 소식도 함께 전해 왔다. 이메일에 첨부된 표지 그림을 열어 본 순간 눈시울이 뜨거워졌다.

'내 책이 드디어 세상에 태어나는구나!'

직장에 다니면서 틈틈이 공들여 쓴 책이 세상의 빛을 보는 순간이었다. 마치 딸아이가 태어난 순간에 느꼈던 출산의 감격을 다시 경험하는 것만 같았다. 여러 해 동안 간절히 소망하던 작가가 되는 꿈을 마침내 이루고야 만 것이다.

그 책이 『4개의 통장』이다.

그날 나는 들뜬 기분에 밤늦도록 잠들지 못했다. 베스트셀러 작가가 된 내 모습을 상상하며 기쁜 크리스마스 전야를 보냈다. 이후 『4개의 통장』은 입소문을 타고 날개 돋친 듯 팔려 나갔고, 2009년 한 해 동안 교보문고 베스트셀러 종합 5위, 인터파크도서 베스트셀러 종합 3위, 예스24 베스트셀러 종합 4위에 오르는 등 대형 베스트셀러가 됐다. 강연회를 할 때마다 나를 보려고 모인 사람들로 인해 강연장은 만석이었고, 강연 후 진행된 저자 사인회는 한 시간을 넘겨야 겨우 끝이 보일 만큼 많은 사람들이 길게 줄을 섰다. 그뿐만 아니라 여러 기업과 기관의 강연 요청이 줄을 이었고 방송, 신문, 잡지 등 언론사의 인터뷰 요청도 밀려들었다. 오랫동안 꿈꿔왔지만 상상 속에서나 가능할 것 같았던 일이 눈앞의 현실로 나타나자 처음에는 좀처럼 믿기지 않았다. 당황스럽기까지 했다. 하지만 얼마 지나지 않아 그런 현실을 차분히 받아들일 수 있게 됐다.

죽고 싶을 만큼 힘들었던 크리스마스를 보낸 뒤 10년 동안 대체 무슨 일이 있었던 것일까? 절망 앞에 무릎 꿇고 울던 나에게 그 10년 동안 어떤 변화가 있었던 것일까?

이 책은 그 10년에 관한 기록이다. 내 청춘의 전부나 다름없는 그 10년 동안 내가 겪었던 시련과 성취를 통해 얻은 삶의 교훈을 가감 없이 담았다. 부디 이 책이 불안한 시대를 살아가는 20대 독자의 삶에 좋은 이정표가 되어주기를 간절히 바란다.

목 차

3 | 흔들리는 청춘이여, 자신을 들여다보자

7 | 내 삶의 주인이 되려면 꿈에 귀 기울여라

CHAPTER

1

너무 아프지 마,
결국 원하는 삶을 살 테니

왜 그렇게 힘들었을까

사람은 누구나 크든 작든 시련을 겪으며 살아간다. 먼바다를 항
해하는 배가 수시로 풍랑을 만나듯 우리는 먼 인생의 항해에서 수
시로 힘겹고 어려운 일과 마주하게 된다. 그런데 어떤 이는 거친
풍랑 속에서도 꿈과 희망의 끈을 끝까지 놓지 않는다. 손바닥이 찢
기고 피가 나도록 그 끈을 움켜잡고 매달린다. 반면에 어떤 이는
작은 비바람에도 그 동아줄과도 같은 소중한 끈을 포기하고 놓아버
린다. 결과적으로 꿈과 희망을 버리지 않는 사람은 언젠가 풍랑이
지난 뒤의 평온과 햇살을 만끽하게 되지만 그렇지 못한 사람은 절
망과 좌절의 신에게 자신의 영혼을 맡긴 채 세상을 원망하며 힘겹

게 살아간다. 물론 우리들 각자가 겪는 어려움을 제3자의 입장에서 크다 작다 함부로 말할 수는 없다. 남이 보기에 대수롭지 않아 보이는 어려움도 내가 겪고 있다면 넘기 힘든 히말라야 고봉처럼 느껴질 수 있기 때문이다. 남부러울 게 없을 것 같은 성공한 기업가나 스타급 연예인이 종종 스스로 목숨을 버리는 것도 그런 이유 때문일 것이다. 하지만 어떤 어려움을 겪더라도 그것을 받아들이는 태도에 따라 우리의 삶은 달라질 것이다. 이겨내리라 믿으면 이겨낼 것이고 지나가리라 믿으면 지나갈 것이다. 주저앉으리라 생각하면 병든 소처럼 정말 주저앉을 것이다. 우리들 각자가 앞으로 살아가게 될 모습은 결국 자신이 믿고 바라는 대로 닮아 간다.

지금 돌이켜 보면 나의 20대가 죽음의 충동을 느껴야 할 만큼 유별나게 힘든 상황은 아니었다. 내가 겪어야 했던 어려움을 실제보다 훨씬 더 크게 확대해서 바라보고 처지를 비관하며 지냈던 게 가장 큰 문제였다. 나 자신을 동정하고 연민했던 점도 주저앉고 싶게 만드는 중요한 이유였다고 생각한다. 처지를 비관하고 자신을 스스로 동정하게 되면 잠시 위로가 될 수는 있지만 그러한 감정은 부정적인 에너지가 강하기 때문에 혈관을 타고 온몸으로 퍼져가는 맹독처럼 마음과 몸을 서서히 파괴해간다.

20대 때 나를 가장 괴롭혔던 문제는 가난과 막막한 미래에 대한 불안감이었다. 부모님이 일찍 이혼한 탓에 나는 주로 할머니 손에서 어린 시절을 보냈다. 사춘기에 접어들 무렵 부모님은 재결합하셨지만 두 분의 성격 차이가 심해서 집안은 평탄한 날이 없었다. 그러다가 내가 군에 입대하고 몇 달 뒤 결국 다시 헤어지셨다. 아버지는 많이 방황하셨고 그러는 동안 가세는 급격하게 기울었다. 그리고 우리 가족은 한 칸짜리 월세방에서 살게 될 만큼 어려운 처지가 됐다. 군 제대하던 날, 아버지는 내게 돈이 없으니 스스로 등록금을 마련해 대학에 다니라고 말씀하셨다. 나는 군대도 다녀왔으니 이제 아버지에게 의지하지 않고 등록금과 생활비를 스스로 벌면서 공부하겠다고 답해드렸다. 그런데 그게 생각처럼 쉬운 일이 아니라는 사실을 알기까지는 오랜 시간이 걸리지 않았다.

대학에 복학한 뒤 학교 근처의 고시원에서 혼자 지냈다. 하숙집이나 시설이 잘 된 고시원에서 지낼 형편이 못 되었기 때문에 독서실 책상 사이에 칸막이로 만든 쪽방 고시원에서 잠자리를 해결했다. 고시원비를 내기 힘들 만큼 어려울 때는 친구와 후배 들의 자취방을 떠돌면서 신세를 졌다. 장학금을 타려고 열심히 공부해봤지만 매번 받기는 힘들었고 전액 장학금을 받기란 더더욱 어려웠다. 그래서 학기가 끝날 때마다 다음 학기 등록금을 걱정해야 했다. 당장 생활비로 쓸 돈도 없을 때가 잦아서 방학 때는 물론 학기 중에도 틈만 나면 돈을 벌러 다녔다. 대학에 다니는 동안 주유소, 택시회사 세차장, 전자제품 공장, 단란주점 웨이터, 식당, 텔레마케팅 등 여러 업종에서 아르바이트를 했다. 휴학하고 고졸 구직자라고 속인 뒤 작은 회사에 취직하기도 했다. 이렇게 돈 문제로 늘 쫓기듯 사는 생활이 지속되다 보니 세상과 부모님에 대한 원망은 날로 깊어만 갔다. 한참 공부하고 꿈을 찾아야 할 시기에 부모를 잘못 만나서 이게 뭐냐는 생각이 나를 따라다녔다. 한번은 대학을 그만두려고 했지만 아버지의 완강한 반대로 그렇게 하지 못했다. 그날 도와주지 못할 거면서 왜 그만두지도 못하게 하느냐고 악을 쓰며 선량한 아버지의 가슴에 못을 박았다. 그렇게 원망과 불안 속에서 살다 보니 나의 얼굴 표정은 늘 구겨져 있었다. 입도 거칠어졌고 아침에 눈을 뜨자마자 허공에 대고 욕을 하는 못된 습관까지 생겼다. 건강도 안 좋아졌다. 몸 여기저기가 돌아가면서 아팠다. 병원비가 부담스러워 참고 지내다가 견디기 힘들 만큼 많이 아플 때에만 병원에 갔다. 부정적인 감정의 골이 깊으면 마음뿐만 아니라 몸도 함께 병든다는 사실을 그때는 알지 못했다. '특별한 죄를 지은 것도 아닌데 왜 이렇게 힘들게 살아야 하는가'라는 생각만 들었다. 남들처럼 평범하게 대학을 졸업한 뒤 취직하고 결혼해 아기를 낳고 그냥 그렇게 사는 것 이상의 큰 욕심도 없었는데 신은 내게 그런 삶조차도 쉽게 허락할 것 같지 않았다.

　당시 나는 까만 밤에 가로등 하나 없는 숲길을 홀로 걷는 듯 불안하고 막막하고 외로웠다.

그래도 젊어서 다행이었다

.

.

.

나는 졸업을 한 학기 앞두고 휴학했다. 두 번째 휴학이었다. 그리고 몇 가지 일자리를 전전하다가 서울역 앞 광장과 역사 내 가판대를 오가며 빵 과자를 구워 파는 일자리를 얻었다. 아르바이트 치고는 보수가 꽤 괜찮았다. 당시 IMF 외환위기의 여파로 인해 많은 기업이 줄도산했고 수많은 직장인과 자영업자가 길거리로 나앉았다. 서울역에는 노숙자가 장사진을 이뤘다. 그 일을 하면서 여러 노숙자와 대화를 나눌 기회가 있었다. 내가 먼저 말을 건넨 경우는 없었다. 나에게 과자를 구걸하려고 그들이 먼저 말을 건넸다. 내 장사가 아니었기 때문에 과자를 굽다가 생긴 부스러기 조각이나 겨우 줄 수 있었지만 나보다 훨씬 나이가 많아 보이는 노숙자들이 그 과자 조각을 받아 들고 고맙다고 꾸벅거리는 모습을 보면서 마음이 편치 않았다. 어쩌다 실수로 매대 앞에 과자를 떨어뜨리면 어디선가 노숙자가 쏜살같이 달려와 그 과자를 주워서 입에 넣고 사라졌다. 사람이 배가 고프면 자존감 따위를 생각하는 것은 사치가 될 수 있다는 사실을 직접 눈으로 확인한 순간이었다. 내가 보기에 그들은 사는 게 아니었다. 그저 죽지 못해 하루하루 연명할 뿐이었다. 노숙자들은 행인에게 구걸해 돈을 얻으면 대부분 술과 담배를 샀다. 식사는 용산역 등을 돌아다니며 무료 급식소에서 해결했다. 그냥 그렇게 주저앉은 채 다시 일어설 생각을 하지 못하고 술과 담배에 의지하며 살아가는 노숙자가 많았다.

내가 대화를 나눠본 노숙자들은 모두 다 사연이 있었다. 당연한 말이지만 처음부터 노숙자였던 사람은 아무도 없었다. 사실인지는 알 수 없으나 그중에는 굴지의 대기업이나 외국계 기업에 다니면서 높은 직위에 올랐던 사람도 있었다. 잘나가는 사업가였던 사람도 있었고 유복한 가정에서 태어나 어려움을 모르고 살다가 그렇게 된 사람도 있었다. 그런 노숙자들의 사연을 듣고 그들이 목숨을 연명해가는 모습을 보면서 나는 두려움을 느꼈다. 한때 남부러울 것 없이 살다가 이런저런 이유 때문에 노숙자가 되었다는 그들처럼 자칫 잘못하면 나도 같은 신세가 될지 모른다는 생각이 들었다. 죽기보다 더 두려운 일이었다. 방향을 잃고 갈지자로 걷는 한이 있어도 정신만큼은 놓으면 안 되겠다고 생각했다. 또 한편으로는 세상에는 나보다 훨씬 더 힘들게 사는 사람들이 널려 있다는 생각도 들었다. 어쨌든 나는 그들보다는 나은 삶을 살고 있었다. 그리고 나는 한참 젊기 때문에 희망과 기회가 있어 다행이라고 생각하면서, 그동안 나 스스로 먹이를 주며 덩치를 키운 원망과 불안의 무게를 조금 덜어낼 수 있었다.

그렇다고 내가 짊어진 문제가 해결된 것은 아니었다. 여전히 현실은 불안했고 앞날은 막막했다. 하지만 복학해서 한 학기만 마치면 대학을 졸업할 수 있었고 좋은 회사에 취업하면 내가 겪는 돈 문제나 불안감 따위는 사라질 것이라고 생각했다. 그래서 이제 끝이 보인다는 생각이 들었다. 휴학하고 벌어둔 돈으로 등록금을 내고 복학했다. 돈이 좀 남았기 때문에 아껴 쓰면 졸업 전까지 더 이상 아르바이트를 하지 않고 취업 준비에만 전념할 수 있을 것 같았다. 복학 후 졸업에 필요한 학점을 채우고 한동안 손대지 못했던 영어 공부도 다시 시작했다.

중간고사가 끝나고 캠퍼스에 단풍이 들기 시작하자 기업들이 채용 공고를 내기 시작했다. 나는 평소에 관심을 두었던 몇몇 대기업에 입사지원서를 냈다. 하지만 나를 불러주는 곳은 없었다. 실망했지만 취업시즌 초기였기 때문에 아직 기회가 많다고 생각하면서 계속 채용 공고에 관심을 기울였다. 당시 IMF 외환위기로 인해 기업들은 구조 조정으로 많은 직원을 내보내는 등 경기 상황은 최악이었다. 그때 나는 외환위기가 무엇인지 몰랐고 그것이 대졸 신입사원의 채용시장에 얼마나 심각한 영향을 미쳤는지도 잘 몰랐다. 쉽지 않겠지만 대학을 졸업하면 그냥 어디든 취업이 될 줄 알았다. 그런데 업종을 가리지 않고 수십 곳의 기업에 입사지원서를 보냈지만 대부분 서류전형에서 탈락했다. 면접을 본 몇 곳에서도 좋은 소식이 들려오지 않자 불안해졌다. 취업을 못하면 인생의 낙오자가 될 것이라는 생각이 들 만큼 불안감은 상당히 심했다. 초조한 마음에 잠을 설치다가 밤을 꼬박 새는 날도 많았다. 그러던 중 모 제약회사에서 연락을 받고 두 차례의 면접을 치른 끝에 최종 합격 통보를 받았다. 하지만 별로 기쁘지 않았다. 제약회사는 가고 싶은 곳이 아니었기 때문이다. 나는 공대생이었는데 전공과 전혀 관련이 없는 제약회사에서, 그것도 사무직이 아닌 영업사원으로 일한다는 게 마음에 내키지 않았다.

'내가 어떻게 약을 팔고 다니지? 내가 그 일을 잘 할 수 있을까?'

하지만 그 제약회사 외에는 나에게 손을 내밀어줄 회사가 없을 수도 있다는 불안감 때문에 지푸라기라도 잡는 심정으로 신입사원 합숙 교육을 받기 위해 짐을 꾸렸다. 나중에 안 사실이지만 나는 수백 대 일의 경쟁률을 뚫고 최종 합격한 것이었다. 그 사실을 안 뒤 자신은 없었지만 약품 영업을 열심히 해보겠다고 다짐했다. 그렇게 간신히 바늘구멍을 뚫고 사회에 첫 발을 내딛게 됐다.

힘들고 어려울 때는
낮은 곳을 봐야 한다

우여곡절 끝에 대학을 졸업한 지도 벌써 10여 년이 지났다. 그리고 어느덧 중년의 나이가 됐다. 시간이 참 빠르다. 20대가 엊그제 같은데 벌써 내가 이만큼 나이를 먹었다니. 인생을 그리 오래 살지는 않았지만, 지금껏 살아오면서 나름대로 깨달은 것이 있는데 그중 하나가 힘들고 어려울 때는 낮은 곳을 봐야 한다는 것이다.

예전에 한 지인의 부탁으로 그의 대학생 조카를 만난 적이 있다. 진로 문제로 고민이 많은 것 같은데 한번 만나서 조언해주었으면 한다는 부탁을 받았다. 내가 그럴 만한 자격이 있겠냐고 묻자 조카가 내 책을 읽었는데 삼촌이 나와 친분이 있다는 사실을 알고는 나를 만나게 해달라고 먼저 부탁했다고 한다. 그래서 그의 조카를 만나 이런저런 이야기를 나눴다. 그는 요즘 대학생들이 비싼 등록금과 취업난 때문에 어려움이 많다고 했다. 자신도 등록금 때문에 빚을 지고 있으며 학점과 영어 실력이 좋은 선배들조차 취업을 못해 힘들어 하는 모습을 보면 자신도 졸업 후 백수가 될까 봐 스트레스를 많이 받는다고 했다. 그런 그에게 대략 이렇게 조언해주었다.

"열심히 공부하고 스펙을 쌓아서 좋은 회사에 취업이 되면 다행이지만 그렇지 못한다고 세상이 끝나는 건 아니에요. 설령 세상이 끝난다고 해도 그때까지 아직 시간이 남아 있으니까 지금은 자신이 해야 할 일과 하고 싶은 일에 에너지를 쏟아보세요. 학과 공부든, 영어 공부든, 취미 활동이든, 아니면 다른 무엇이든 좋습니다. 앞길이 너무 불확실하기 때문에 불안한 마음은 이해하지만 자신에게 주어진 시간을 허송세월하며 보내지만 않는다면 분명히 좋은 일이 있을 겁니다. 그리고 어렵다고 느껴질수록 낮은 곳을 보세요. 주변을 둘러보면 자신보다 더 어려운 환경에서도 꿈을 갖고 열심히 살아가는 친구와 선후배가 분명히 있을 거예요. 자신보다 못한 처지에 있는 친구를 보며 위안을 삼으라는 게 아니에요. 그런 친구가 사는 모습을 들여다보면 내가 가진 것에 감사한 마음을 느낄 수 있을 거예요. 자꾸 높은 곳만 바라보고 성공한 사람만 바라보면 자신의 처지가 비관적으로 느껴질 수 있어요. 꿈을 꿀 때는 높은 곳을 보되 힘들고 어려울 때는 낮은 곳을 보는 게 좋아요.”

내가 아무리 크고 깊은 어려움을 겪더라도 주변을 둘러보면 나보다 더한 어려움을 겪으면서도 꿈을 갖고 희망을 잃지 않고 사는 사람은 반드시 있게 마련이다. 높은 곳을 쳐다보며 성공한 사람 또는 내가 아직 이루지 못한 무엇인가를 이룬 사람을 바라보며 멘토로 삼고 동기 부여를 받는 것은 매우 중요한 일이지만, 자꾸 높은 곳만 쳐다보면 때로는 자신의 처지가 비관적으로 느껴지고 의욕을 잃을 수 있다. 특히 남과 자신을 비교하며 습관적으로 신세를 한탄하는 것은 벼랑 끝으로 가는 지름길이다. 자기 자신에게 당근뿐만 아니라 채찍을 함께 주는 게 좋다. 꿈이나 목표는 당근이고 나보다 더 어려운 환경에서도 용기를 잃지 않고 꿋꿋이 살아가는 사람을 보는 일은 채찍이다.

지금 20대를 보내고 있는 세대는 내가 보냈던 20대 때보다 훨씬 더 큰 어려움을 겪고 있다. 내가 대학에 다닐 때에 비하면 아르바이트를 하고 휴학하며 돈을 벌어도 감당하기가 불가능할 만큼 등록금이 비싸졌고 취업을 위해 통과해야 하는 바늘구멍은 더 비좁아졌다. 대학에 다니지 못한 20대는 대졸자에 비해 더 열악한 여건에서 세상살이를 준비해야 한다. 그렇기 때문에 '나도 겪어봤는데 네가 겪는 어려움 정도는 별것 아니다'라는 식으로 독자에게 훈계할 생각은 없다. 하지만 나 자신이 아무리 어려운 일을 겪더라도 세상 어딘가에는 나보다 더 힘든 환경에서도 희망을 잃지 않고 열심히 사는 사람이 반드시 있다는 사실만큼은 꼭 기억해야 한다.

자살 끝에 평화란 없다

　내가 허리띠를 문고리에 걸고 충동적으로 목을 맸던 그날의 기억은 10여 년의 세월이 흐른 지금도 마치 어제의 일처럼 생생하다. 그 당시 나는 매일 밤 잠자리에 들면서 아침에 깨어나지 않게 해 달라며 우주의 어딘가에 있는 신을 향해 기도했다. 그렇게 조용히 고통 없이 죽는다면 나도 원인이 무엇인지 정확히 알 수 없었던 짙은 불안과 절망에서 벗어나 평화와 자유를 얻게 될 것만 같았다. 하지만 매일 아침 변함없이 눈을 떴고 그러던 어느 날 죽음의 충동이 도발했던 것이다. 그날 아침 허리띠가 목을 누르는 순간 어지럼증을 느꼈을 때 사실 깜짝 놀랐다. 죽음의 신호가 그렇게 빨리 오는 줄 상상하지 못했기 때문이다. 그때 정말 스스로 목숨을 끊었다면, 지금 내가 경험하는 소소한 행복을 영원히 경험하지 못했을 것이다. 그뿐 아니라 예쁘고 밝게 자라는 딸아이가 주는 기쁨도 영원히 경험하지 못했을 것이다. 우스갯소리로(사실 나는 하나도 우습지 않지만) 장가도 못 가보고 죽었을 테니 얼마나 억울했을까?

몇 년 전 서울 한강의 밤섬 모래사장에서 한 남성의 시신이 발견됐다. 그는 명문 사립대를 다니다 자퇴한 뒤 취업을 준비하던 스물아홉 살의 구직자였다. 시골에서 공부하며 명문대에 진학해 주위의 부러움을 샀지만 가정 형편이 좋지 않아 부모님에게 경제적인 도움을 받지 못했다. 그래서 스스로 등록금과 생활비를 해결해야 했다. 어렵사리 한 학기를 마치고 군대에 갔던 그는 제대 후에도 등록금을 내지 못해 휴학과 복학, 자퇴와 재입학을 반복했다. 그러다가 결국 학업을 포기하고 취업을 준비하던 중 스스로 목숨을 끊었다. 그는 자신의 미니홈피에 '내 인생, 나, 어쩌다 요 모양 요 꼴'이라는 유언을 남기고 꽃 한번 제대로 피워보지 못한 채 그렇게 세상과 이별했다. 그의 사연을 접한 뒤 나는 안타까움에 며칠 동안 가슴앓이했다.

얼마나 힘들었을까, 또 얼마나 괴로웠을까.

강에 뛰어들기로 마음먹은 그날 얼마나 많은 눈물을 흘렸을까.

지금 우리나라에서는 해마다 200~300명의 대학생이 경제적인 어려움이나 취업에 대한 부담감 등을 이유로 자살한다. 20대의 전체 자살자 수는 매년 1,500명이 훨씬 넘는다. 사실 자살은 20대만의 문제가 아니다. 우리나라의 경우 연령대가 높아질수록 자살률도 증가한다. 대한민국은 내로라하는 자살 공화국이다. 오죽하면 OECD국가 중 자살률 1위를 달리고 있겠는가. 그만큼 살기 힘든 나라가 대한민국이라는 뜻일 게다. 하지만 그렇다고 스스로 세상을 등지겠다는 결정만큼은 하지 말아야 한다.

그러기에는 한 번뿐인 인생이 너무 아깝지 않은가?
꽃 한번 제대로 피워볼 기회조차 갖지 못한 젊은 나이에 그렇게 인생을 마감하기에는 너무 원통하지 않은가?

비록 세상이 내 맘대로 돌아가지 않지만, 그래서 불안하고 막막할 수 있지만, 아무리 힘들어도 죽겠다는 생각만큼은 절대 하지 말아야 한다. 견디기 힘들 만큼 괴롭고 우울하더라도 제발 그런 생각은 하지 말아야 한다. 스스로 생명을 버린 뒤 영원한 평화와 자유를 얻을 수 있다면 조물주는 애초에 우리에게 생명을 부여하지 않았을 것이다. 죽을 만큼 괴로울 때 차라리 지금이 가장 깊은 바닥이라고 생각하면 마음의 짐을 조금이라도 덜어낼 수 있다. 그러면 이제 바닥을 차고 오르는 일만 남게 된다. 그 대신 조급해하지 말고 한 걸음 두 걸음 숨을 고르며 천천히 올라야 한다. 급하게 오르려고 하면 또다시 바닥으로 미끄러질 수 있기 때문이다.

마음이 힘들고 우울할 때 수시로 가슴과 어깨를 활짝 펴고 깊게 호흡하는 습관을 들이면 마음을 달래는 데 도움이 된다. 그리고 햇빛이 좋은 날에는 틈틈이 밖에 나가서 해를 정면으로 향해 보며 미소 짓는 습관을 들이는 것도 좋다. 그러면서 미래에 행복하게 활짝 웃는 자신의 모습을 마음속에 그려보고 상상하는 일을 반복하면 무기력하고 우울한 기분을 물리치는 데 많은 도움이 될 것이다.

하지만 아무리 이렇게 노력해도 지나치게 우울한 기분이 너무 오랫동안 지속된다면 우울증을 의심해봐야 한다. 특히 우울한 기분과 함께 자살에 대한 생각이 반복해서 떠오른다면 무조건 정신과 전문의를 찾아가 진료를 받아봐야 한다. 우울증은 마음이 나약해서 우울한 게 아니라 뇌의 생리적인 불균형 때문에 생기는 질병이다. 심한 우울증이 오래 지속되면 제 아무리 강한 사람이라도 의지만으로는 극복하기 어렵다. 낫겠다고 마음만 먹으면 저절로 낫는

병이 아니기 때문이다. 반드시 치료해야 한다. 정신과 전문의는 우울한 기분이 2주 이상 지속되면 우울증을 의심해보라고 권한다.

의학을 전공한 것도 아닌 내가 이런 말을 할 수 있는 이유는 나도 30대를 보내는 동안 우울증 치료를 받은 경험이 있기 때문이다. 그래서 우울증이 얼마나 힘든 병인지, 의지만으로 극복하기 얼마나 어려운지도 잘 알고 있다. 당시 나는 딸아이와 함께 놀이공원에서 하루 종일 뛰어놀아도 우울했다. 개그맨이 온몸을 다해 웃기는 코미디를 봐도 우울했다. 일하는 날에도 우울했고 쉬는 날에도 우울했다. 잠들 때에도 우울했고 아침에 눈을 떠도 우울했다. 증상이 점점 심해져 어느 날부터는 가슴에 돌이라도 박힌 듯 답답했다. 자꾸 한숨만 나왔고 밥을 삼키기도 힘들 만큼 무기력해 잠만 자고 싶었다. 책을 읽어도 난독증에 걸린 것처럼 글자가 눈에 들어오지 않았다. 단전호흡을 하고 명상을 하고 산에 오르고 긍정적인 생각을 해봐도 아무 소용이 없었다. 심지어 웃음치료를 해보겠다며 화장실이나 건물의 층간 계단에 숨어서 혼자 미친 척하고 배를 움켜잡고서는 실컷 웃는 시늉까지 해봤지만 역시 아무 소용이 없었다. 아무리 생각해도 내가 그렇게 우울하게 지내야 할 만한 이유가 전혀 없었는데 우울한 날이 오랫동안 지속됐다. 너무 괴로웠다. 결국 정신과 의사의 도움을 받아 그 수렁에서 빠져나올 수 있었다. 정신과

의사를 찾는 게 자랑할 일은 아니지만 창피한 일도 아니다. 그냥
아파서 병원에 가는 것이라고 생각하면 된다. 그 이상도 그 이하도
아니다.

자기 자신을 사랑하는 일보다
더 중요한 일은 없다

대학에 다닐 때 방학을 이용해 단란주점에서 웨이터로 일했던 적이 있다. 열심히 하면 한 달만 일해도 한 학기 등록금 정도는 충분히 벌고도 남을 것이라고 해서 그 일을 해보게 됐다. 정확히 기억나지는 않지만 월급은 20만 원 정도였다. 아무리 오래전 일이라고 해도 '어떻게 20만 원으로 등록금을 낼 수 있었을까'라고 생각할지도 모르겠다. 사실 그때 주된 수입은 단란주점 사장이 주는 월급이 아니라 손님의 시중을 들면서 생기는 팁이었다. 나는 주로 담당한 룸에 수시로 드나들며 재떨이와 물수건을 갈아주거나 테이블을 정리해주었다. 담배를 무는 손님을 보면 얼른 라이터를 꺼내 불을 붙여주기도 했고 술과 안주가 떨어질 때쯤 되면 여흥이 끊이지 않도록 손님이 부르기 전에 먼저 주문을 받아서 테이블을 채워주는 일도 내 몫이었다. 손님이 주는 팁을 한 푼이라도 더 받기 위해 그렇게 눈코 뜰 새 없이 시중을 들었다.

단란주점 한쪽 구석에는 아가씨들을 위한 내실이 마련되어 있었다. 손님의 부름을 받기 위해 대기하는 아가씨들이었는데 대부분 20대 여성이었다. 그녀들은 룸에 들어가서 손님을 위해 술 시중과 노래 시중을 들었다. 단란주점 사장은 아가씨들이 저녁밥도 제대로 먹지 못하게 했다. 배가 부르면 룸에 들어가서 술과 안주를 많이 먹지 못한다는 게 그 이유였다.

누가 그런 일을 하고 싶어서 하겠는가. 돈이 뭐기에…….

최근 각종 유흥업소에서 접대부로 일하는 여대생이 늘고 있다고 한다. 다들 사연이 있겠지만 아르바이트만으로는 도저히 감당하기 어려운 등록금 때문에 상대적으로 많은 돈을 벌 수 있는 유흥업소에서 일한다고 하는데 그 마음은 충분히 이해할 수 있다. 내가 대학에 다녔던 1990년대에는 방학마다 아르바이트를 하거나 한두 번 휴학하고 돈을 벌면 등록금과 학생식당의 밥값 정도는 해결할 수 있었다. 그런데 그동안 등록금과 물가는 몇 배가 올랐지만 대학생에게 주어지는 아르바이트 인건비는 내가 대학에 다녔던 때나 지금이나 제자리걸음하고 있으니 부모님의 도움을 넉넉히 받지 못한다면 그 비싼 등록금과 생활비를 어떻게 감당하겠는가?

나는 유흥업소에서 일하는 여성에 대해 편견이 없다. 술에 취한 손님의 시중을 들고 팁을 받아 챙겼던 나와 그녀들 사이에 무슨 큰 차이가 있겠는가? 성인이 되면 자신의 삶은 자신의 책임하에 사는 것이다. 나의 삶을 남이 대신 살아주지는 않는다. 또한 나의 가치는 남이 아닌 나 자신이 스스로 가꾸고 지키는 것이다. 그렇기 때문에 내가 어떤 일을 하든지 다른 사람이 함부로 나의 가치를 평가할 수는 없다.

하지만 내가 20대 때 심사숙고하며 내렸던 결정 중에는 돌이켜 보면 후회되는 일이 적지 않다. 당시에는 최선이라고 생각했고 합리적인 결정이라고 생각했으나 시간이 한참 지나서 보면 미숙하기 짝이 없었던 결정도 많았다. 그 후회되는 결정 중에는 대학생 때 돈을 벌기 위해 했던 아르바이트도 한두 가지 포함된다. 지나고 보니 내가 왜 그런 일을 했을까 하는 후회가 남는다. 직업을 선택할 때뿐만 아니라 잠시 하다가 그만두게 될 일을 하더라도 그 일을 함으로써 무엇을 경험하고 얻을 수 있을지 신중히 고민해봐야 한다.

설령 돈 외에는 얻을 게 전혀 없더라도 그 일을 했다는 사실을 적어도 후회하게 될 일은 하지 않는 게 이롭다. 물론 20대 때 다양한 경험을 하는 것은 자신의 적성과 진로를 찾는 데 분명히 유익하다. 하지만 세상에는 애써 경험할 필요가 없는 일도 많다. 특히 자신의 육체와 영혼에 해가 될 수 있는 일은 잠시라도 하지 않는 게 좋다. 세상에 자기 자신을 사랑하는 일보다 더 중요한 일은 없기 때문이다.

젊은 날의 방황은
빨리 끝내야 아름답다

중학교 때까지만 해도 우등생이었지만 고등학교에 가서는 이른 바 '날라리'로 불렸던 친구 A와 B가 있었다. 두 친구는 늘 단짝이 되어 비슷한 친구들과 함께 어울려 다녔다. 술과 담배는 기본이었고 건달 흉내를 내기도 했다. 여자 친구도 많이 만났다. 결국 둘 다 대학에는 진학하지 못했다. 고등학교를 졸업한 뒤에는 재수를 한다며 함께 재수학원에 다녔다. 재수를 하면서도 공부보다는 술 마시고 당구치고 비슷한 성향의 친구들과 놀기에 바빴다. 결국 그들은 다음 입시에서도 대학 진학에 실패한 뒤 백수생활을 하다가 비슷한 시기에 군대에 갔고 역시 비슷한 시기에 함께 제대했다.

A는 제대 후 어떻게든 대학에 가야겠다고 생각했다. 탄탄한 중소기업을 경영하는 사장이었던 아버지도 A에게 다시 공부해서 대학에 가라고 강요하듯이 권유했다. 그래서 그는 다시 입시 공부를 시작했고 다행히 지방의 모 대학에 진학할 수 있었다. 하지만 고등학교 때부터 방탕하게 지내던 습관을 대학에 가서도 버리지 못했다. 거의 가방만 들고 왕래하는 수준으로 대학에 다녔고 한동안 자취방에서 여학생과 동거하기도 했다. 낙제점을 면하는 수준으로 대학을 겨우 졸업한 뒤 그는 아버지의 회사에 취업했고 지금은 아버지의 사업을 물려받기 위해 준비 중이다.

B도 제대 후 A와 함께 입시 공부를 다시 할까 생각했다. 하지만 공부할 마음도 별로 없었고, A처럼 부모님이 넉넉하지도 않았던 탓에 돈이나 벌겠다고 마음먹었다. 하지만 인문계 고등학교를 나와서 특별한 기술도 없었기 때문에 할 일이 마땅치 않았다. B의 사정을 잘 알고 있던 A는 그를 아버지 회사에 취직시켜달라고 아버지에게 부탁했다. 하지만 A의 아버지는 예전부터 B를 늘 못마땅하게 여겼다. 모범생이던 자신의 아들이 친구를 잘못 만나서 문제아가 됐고 대학에도 가지 못했다고 생각했기 때문이다. 그래서 B를 받아들이지 않았다. 이후 B는 여러 직업을 전전하면서 지냈다. 게다가 그 역시 A처럼 방탕하게 지내던 습관을 버리지 못했다. 그의

삶이 순탄할 리 없었다.

　나이를 먹는 사이 단짝 친구였던 A와 B의 관계는 소원해졌다. 지금 A는 사업가라고 폼을 잡고 다닌다. B는 그와 친했던 친구들 사이에서도 연락이 안 된다.

　상당히 개인적인 이야기라 상황을 많이 각색하기는 했지만 이 두 친구의 이야기는 실제 사례다. 젊은 시절 한때 철없이 사는 것은 별문제가 안 될 수 있다. 또한 방황을 하는 것도 괜찮다. 하지만 너무 오랫동안 그렇게 살면 반드시 그 대가를 치르게 된다. 나는 중고등학교 때 겉멋이 들어 청개구리처럼 지냈던 친구들이 20대가 되어서도 그 습관을 버리지 못하고 지내는 것을 종종 보았다. 하지만 그들이 20대를 지나 결혼하고 아이를 낳고 살면서는 많이들 변하는 모습 역시 보았다. 자신을 스스로 자유로운 영혼이라고 여겼던 그들도 먹고 사는 문제와 가족을 부양해야 하는 의무 앞에서는 다른 도리가 없었을 것이다. 그런데 지금 그들은 평범했던 다른 친구들에 비해 무척 고단하게 살고 있는 경우가 많다. 그리고 황금 같은 20대를 철없이 보낸 것을 많이 후회한다. 정신을 차리고 뒤를 돌아보니 너무 먼 길을 잘못 왔다는 사실을 깨달은 것이다. 그래서 너무 오랫동안 철없이 살거나 방황하면 안 된다. 세상은 그런 사람을 쉽게 받아줄 만큼 그리 너그럽지 못하다. 물론 A처럼 믿는 구석이 있다면 예외가 될지도 모르겠다. 아마 B는 A를 보며 세상이 공평하지 않다고 생각할 것이다.

젊은 혈기를 다스리지 못해 되돌릴 수 없는 큰 실수를 저지르는 것도 인생에 해가 된다. 중학교 때 친구 중 하나가 나와 같은 대학에 지원했다. 그런데 나는 합격했고 아쉽게도 그는 불합격했다. 당시에는 지금처럼 수능을 본 뒤 지원할 대학을 정하는 게 아니라 지원할 대학과 학과를 먼저 정한 뒤 그 대학에 가서 학력고사를 봤다. 전기 모집과 후기 모집으로 나뉘어져 전기에서 불합격하면 후기에 다시 한 번 다른 대학에 지원할 기회가 있었다. 그는 다행히 후기에서 지방에 있는 모 대학에 합격했다.

이후 한동안 그를 잊고 지내다가 어느 날 동창회에서 만났다. 나는 그에게 어떻게 지내는지 물었다. 그는 대학에 가서 학생운동에 심취했다고 말했다. 그가 어떤 목적을 갖고 어떤 운동을 했는지는 기억나지 않는다. 당시 그가 내게 하는 말이 무슨 의미인지 잘 알아듣지 못했다. 그는 시국, 민중, 이념, 이데올로기 등 알아듣기 어려운 말을 계속했다. 그의 눈빛도 예전과는 다르게 날카로웠다. 그런데 대화하던 중 나는 그가 이상하게 손을 감추려고 한다는 느낌을 받았다. 아니나 다를까, 그의 오른손 검지가 절단되어 있었다. 나는 깜짝 놀라 손가락이 어쩌다 그렇게 되었냐고 물었다. 그는 그냥 사고를 당했다고 말하며 자세한 이야기를 피했다.

한참 시간이 지나서 다른 친구에게서 듣기로는 그가 경찰의 수배를 받고 쫓기다가 병역기피 혐의로 구속되었는데, 그 말고도 그와 학생운동을 했던 여러 명이 손가락을 절단했고 함께 구속된 것 같다고 했다. 정확한 이유는 알 수 없으나 아마 그는 고의로 자신의 손가락을 절단했던 것 같다. 순진하면서도 유머가 있던 착한 친구였는데 그 말을 듣고 참 안타까웠다. 내가 그의 삶에 대해 함부로 논할 입장은 아니지만 그가 젊은 혈기로 분위기에 휩쓸려 충동적으로 그렇게 되돌릴 수 없는 큰 실수를 저지른 게 아닌가 생각한다. 아마 지금은 무척 후회하며 지내지 않을까.

나의 20대를 돌이켜 봐도 그렇지만, 20대는 넘치는 혈기를 이성적으로 조절하기가 쉽지 않은 시기인 것 같다. 그래서 때로는 어리석기 짝이 없는 행동을 하기도 한다.

내가 군대에 가기 전에 있었던 일이다. 여러 친구와 새벽까지 술을 먹고 거리를 활보했던 적이 있다. 그러던 중 한 친구가 가수 김장훈처럼 큰 몸짓으로 발차기를 하면서 도로에 주차되어 있던 자동차의 사이드미러를 걷어찼다. 당연히 사이드미러는 파손됐다. 그러자 또 다른 친구가 주차된 다른 자동차의 사이드미러를 발로 걷어찼고 이어서 나머지 친구들도 분위기에 휩쓸려 열심히 발차기를 해댔다. 당시 맨 정신이었던 사람은 나뿐이었다. 그래서 나 혼자 친구들을 말리느라 진땀을 뺐다. 그날 나도 술에 취해 있었다면 그들처럼 발차기를 했을 게 분명하다. 아침에 사이드미러가 부서진 광경을 본 차주들이 얼마나 열을 받았을까 생각해보면 지금도 그들에게 너무 미안하고 할 수 있다면 지금이라도 보상해주고 싶은 마음이다. 차주들이 경찰에 신고를 안 한 것인지, 했는데 우리를 못 잡은 것인지 그날 이후 우리에게 별일은 없었다. 당시 만약 술김에 그보다 더 심한 몹쓸 짓을 해서 경찰에 잡혀 가기라도 했다면 호적에 빨간 줄이 그어졌을지도 모를 일이다. 만약 그랬다면 지금까지 두고두고 후회했을 것이다.

나이와 상관없이 누구나 살아가면서 종종 실수를 하게 되지만 20대 때는 젊은 혈기를 다스리지 못해 실수하는 경우가 많다. 사소한 실수라면 문제가 없지만 큰 실수를 하게 되면 두고두고 후회가 된다. 그리고 큰 실수나 사고는 대개 우연히 터진다. 특히 분위기에 휩쓸려 깊은 생각 없이 충동적으로 행동하는 일이 없어야 한다. 그리고 지금 내가 옳다고 믿는 사실이나 신념이 실제로는 틀린 것일지도 모른다고 생각해볼 필요가 있다. 그렇게 자기 자신을 객관적인 시각에서 바라보고 행동하면 실수가 적을 것이다.

젊은 피가 솟구쳐 심장을 요동치게 할 때는 잠시 멈춰 서서 생각, 또 생각, 또 생각해본 뒤 판단하고 행동하는 지혜가 필요하다. 그러면 오랫동안 후회할 만큼 큰 실수를 저지르는 일이 없을 것이다.

나는 날마다
점점 더 좋아지고 있다

욕설로 얼룩진 삶,
자기암시로 달라지다

　평소에 긍정적인 생각을 주로 하는 사람이 있는 반면 부정적인 생각을 주로 하고 지내는 사람이 있다. 경험상 나는 타고난 성격을 바꾸는 일은 매우 어렵다고 생각한다. 사실 그것은 불가능하다고 생각한다. 물론 나의 경험이 그렇다고 해서 단정적으로 맞다 아니다 말해서는 안 되겠지만 어쨌든 그런 노력은 시간 낭비라고 생각한다. 하지만 부정적인 생각보다 긍정적인 생각을 많이 하도록 습관을 바꾸는 일은 분명히 가능하다. 이 또한 나의 경험에 근거해 말하는 것이다. 물론 오래된 습관은 제2의 천성이라는 말이 있을 만큼 바꾸기 어렵다. 하지만 부정적인 생각이 떠오를 때마다 의식적으로 그것을 긍정적으로 바꾸려 노력하면 그 습관은 반드시 바뀐다. 습관이란 어떤 행동이나 생각을 반복할 때 생기는 것이다. 평소에 주로 부정적인 생각을 하는 사람은 과거의 어느 시점부터 부정적인 생각을 반복했기 때문에 그것이 습관이 되어버린 것이다.

따라서 긍정적인 생각을 반복하다 보면 그것도 습관이 된다. 그리고 현재의 습관을 바꾸기가 어려운 것처럼 일단 새로운 습관이 생기면 그것 역시 바꾸기가 어렵기 때문에 계속 좋은 습관을 갖고 지낼 수 있다. 물론 자신의 의지와는 상관없이 수시로 떠오르는 부정적인 생각을 긍정적인 생각으로 바꾸는 게 처음에는 무척 어렵다. 마치 마음의 노동을 하는 것 같은 생각이 들 만큼 힘들다. 하지만 세상에는 노력 없이 그냥 얻는 것은 아무것도 없다. 무엇인가를 새로 얻으려면 그만한 대가를 치러야 한다. 그리고 긍정적으로 생각하는 습관을 들이는 것은 아무리 큰 대가를 치르더라도 그만한 가치가 충분히 있다. 돈이 드는 게 아니기 때문에 설령 밑지더라도 본전인 셈이다. 평소에 부정적인 생각을 많이 하고 지내면 쓸데없는 걱정이 많아지고 불안해진다. 심하면 세상을 원망하고 자신의 처지를 비관하게 된다. 이처럼 부정적인 생각은 꼬리의 꼬리를 물고 끝없이 생기기 때문에 늘 마음이 피곤하고 무기력해진다.

부끄러운 이야기지만 나는 20대 때 한동안 아침에 눈을 뜨면 허공에 대고 욕하는 습관이 있었다.

"에이, ㅆㅂ 짜증나 ㅈ같은 세상!"

한두 달이 아니라 2~3년 이상 그런 못된 습관을 갖고 살았다. 그뿐 아니라 평소에도 혼잣말로 욕을 자주 했다. 심지어 잠꼬대를 하면서도 욕을 했다. 나와 가깝게 지냈던 친구들은 이런 사실을 잘 알고 있지만 당시나 지금이나 나를 처음 보는 사람과 업무 관계 등으로 알고 지내는 사람은 내 입에서 그렇게 심한 욕이 나왔을 것이라고는 상상도 못할 것이다(자랑은 아니지만 나는 모범생처럼 생겼다는 말을 종종 듣는 편이다). 원망과 불평으로도 모자라 심한 욕을 침 뱉듯이 툭툭 내뱉으며 지냈으니 당시 나의 영혼이 얼마나 많은 쓰레기로 가득 차 있었는지 짐작할 수 있을 것이다. 물론 그때의 못된 습관을 버린 지 이미 오래됐지만 당시에는 늘 부정적인 생각을 하고 부정적인 말을 자주 하며 지냈다. 그러다 보니 기분이 불쾌하고 짜증이 날 때가 많았다. 남이 나에게 욕을 한 것도 아니고 괴롭힌 것도 아닌데 혼자서 그렇게 불쾌한 기분으로 지내는 시간이 많았다. 이처럼 부정적인 생각과 말은 스스로를 불쾌하게 만들기 때문에 정신 건강을 해친다. 그리고 어깨에 짊어진 모래주머니를 일부러 물에 적셔 고난을 자초하듯 삶의 무게를 실제보다 더 무겁게 만든다. 그뿐만 아니라 신체 건강도 해친다. 당시 나는 몸 여기저기를 돌아다니는 통증에 시달렸다. 정신의학자나 심리학자가 쓴 책을 보면 마음이 신체에 미치는 영향이 크다고 한다. 긍정적인 생각을 많이 하면 건강에 좋은 영향을 주지만 반대로 부정적인 생각을 많이 하면 건강도 안 좋아진다는 것이다. 특히 욕을 하거나 부정적인 말을 하면 부정적인 생각에 휘발유를 붓는 격이기 때문에 신체 건강에도 매우 좋지 않다고 한다. 나는 이런 주장이 사실이라고 생각한다. 내가 특별한 이유 없이 통증에 시달렸던 이유도 바로 부정적인 생각이 마음을 지배하고 있었기 때문이다.

심리적인 현상을 설명할 때 자주 거론되는 위약 효과라는 게 있다. 플라시보 효과라고도 하는데 몸이 아픈 환자에게 밀가루약을 치료약으로 속이고 주더라도 실제로 치료 효과가 생기는 현상을 뜻하는 말이다. 가짜 약이지만 진짜 약이라고 믿는 환자의 마음이 그런 결과를 가져온다는 것이다. 나는 이와 유사한 일을 경험한 뒤 마음이 정신 건강뿐만 아니라 정말 신체의 각종 병적 증상에도 영향을 미친다는 사실을 믿게 됐다.

내가 제약회사에서 근무할 때 있었던 일이다. 어느 날부터 밥을 먹으면 속이 더부룩하고 신트림이 나고 신물이 올라왔다. 당시 영업 실적 때문에 스트레스를 받고 있었는데 그러다 말겠지 생각하고 소화제를 먹으며 지냈다. 그런데 증상이 점점 심해지더니 신물이 목구멍까지 올라오고 한 달쯤 지나자 배가 송곳으로 찌르는 것처럼 심하게 아팠다. 배를 손으로 누르면 덩어리가 잡히는 것 같은 느낌이 들었다. 급기야 암이 아닐까 하고 걱정하기 시작했다. 병원에 가서 검진해봐야 하는데 의사가 정말 암이라고 말할까 봐 겁이 나서 미루다가, 견딜 수 없을 만큼 심하게 아플 때가 되어서야 거래처였던 내과 의원에 찾아갔다. 그리고 위 내시경 검사를 받았다. 검사 결과 약간의 위염이 있을 뿐 속은 깨끗하다고 했다. 며칠 약을 먹으면 위염도 나을 것이라고 했다. 그 말을 듣는 순간 정말 거짓말처럼 뱃속의 불편함과 통증이 싹 사라졌다. 신물도 올라오지 않았고 덩어리 같은 게 손에 잡히지도 않았다. 의사가 나를 특별히 치료한 것도 아니고 약을 준 것도 아닌데 아무 이상이 없다는 것을 확인하자 걱정과 함께 신체적인 증상도 사라져버렸다. 업무 스트레스와 암일지도 모른다는 부정적인 생각이 그동안 실제로 있지도 않은 병을 만들고 키워왔던 것이다. 나는 그날 이후 지금까지 다시는 특별한 이유 없이 배가 아파서 고생한 적이 없다. 이처럼 마음은 우리의 정신을 지배할 뿐만 아니라 신체도 지배한다. 근거는 없지만 나는 마음이 사람의 운도 지배한다고 생각한다. 긍정적인 마음은 행운을 불러오고 부정적인 마음은 굴러들어온 행운도 걷어차

버린다.

지금의 나는 매일 아침 눈을 뜨면 자동적으로 이런 주문을 외운다.

나는 날마다 모든 면에서 점점 더 좋아지고 있다.

이는 약 100년 전 프랑스에서 약사이자 심리치료사로 활동했던 에밀 쿠에가 지은 『자기암시』라는 책에 나오는 긍정의 주문인데 매일 수시로 중얼거리며 이 주문을 외운다. 그래서인지 아침에 눈을 뜨면 가장 먼저 머릿속에 떠오르는 게 바로 이 주문이다. 이 주문을 알기 전까지는 '나는 정말 행복하다'라고 혼잣말로 중얼거렸다. 특히 기분이 좋지 않을 때, 스트레스를 받을 때, 긴장될 때 등 부정적인 생각이 들 때 이런 식으로 수십 번씩 긍정의 주문을 반복해서 중얼거리면 부정적인 생각을 지우는 데 도움이 될 뿐만 아니라 정말 나의 삶이 매일 조금씩 나아지는 것 같은 느낌이 든다. 당신에게도 한번 해보라고 권하고 싶다.

감사는 나를 위한 가장 큰 응원이다

.

.

.

　대학에 다닐 때 야학교에서 검정고시를 준비하는 근로자들을 도 왔던 적이 있다. 요즘에는 어떤지 모르겠지만 1990년대 초반에는 대학교 주변에 대학생이 중심이 되어 운영하는 야학교가 곳곳에 있 었다. 낮에 일하고 밤에 공부하는 근로자를 돕는 곳이었다. 나는 영어 과목을 맡아서 1년 동안 매주 1회씩 수업했다. 근로자들은 대 부분 초등학교나 중학교까지만 다닌 블루칼라 노동자였는데 그중 에는 노동자라고 불리기에는 어울리지 않는 앳된 10대 소년 소녀 도 있었고 늦은 나이에 공부에 대한 미련 때문에 찾아온 삼촌뻘 되 는 아저씨나 아줌마도 있었다.

그곳에서 나보다 서너 살 많은 어떤 형을 알게 됐다. 그는 수년 동안 배를 타는 선원으로 일하다가 그만두고 건설현장에서 일용직 노동자로 일하고 있었는데 어쩌다 보니 그와 자취방을 함께 쓰게 됐다. 한번은 그를 따라 일을 해보겠다고 나섰다. 이른바 노가다라고 불리는 일을 그때 처음 해봤다. 당연히 아무런 기술이 없었기 때문에 이것저것 현장 관리자가 시키는 잡일을 했다. 일을 마친 뒤 인력사무소에 수수료를 떼어 주고 3만 원인가 4만 원인가를 벌었는데 귀갓길에 돼지고기 삼겹살을 사서 둘이 실컷 구워 먹었다. 그런데 다음 날 문제가 생겼다. 온몸이 몽둥이로 두들겨 맞은 것처럼 쑤시고 아팠다. 몸이 돌덩이가 된 듯 무거워서 일으키기도 힘들었다. 심한 몸살이 났던 것이다. 그렇게 일주일 넘게 방에 누워서 끙끙 앓았고 노가다로 번 돈은 대부분 병원비로 쓰고 말았디. 나는 그 이후로 노가다를 다시 하겠다는 생각을 단 한 번도 해본 적이 없으며 노가다 비슷한 일도 하지 않겠노라고 다짐했다.

지금도 건설현장 부근을 지날 때면 가끔 그때의 일이 떠오른다. 그렇게 힘든 일을, 내가 다시는 하지 않겠노라고 다짐했던 그 일을 묵묵히 하는 사람들을 보면서 나의 직업과 내가 가진 것에 감사함을 느끼게 된다. 그뿐만 아니라 그렇게 힘든 일을 하는 사람들에게도 역시 감사한 마음을 갖게 된다. 세상에는 누군가 꼭 해야 하지만 보통의 사람은 힘들어서 하지 않으려고 하는 일이 셀 수 없이 많다. 그리고 누군가는 그 일을 하고 있다. 그런 이들이 없으면 지금 이 순간 내가 누리는 삶은 존재할 수 없다. 고마운 사람들이다. 20대 때는 내가 가진 것에 대해 이렇게 감사한 마음을 갖지 못했다. 원망과 불만이 매우 컸다. 야학교사로 활동할 때도 어린 나이에 공장에서 일하는 소년 소녀를 보면서 '너희도 나처럼 부모를 잘 못 만나서 참 힘들게 사는구나'라고 생각했지 내가 그들보다 가진 게 많다는 생각은 못했다. 야학교의 봉사활동도 봉사정신을 갖고 한 것이 아니었다. 매일 등하교하며 오가는 길에 재래시장을 지났는데, 시장통로 중간쯤에 있는 지하실 입구로 예쁜 아가씨 몇 명이 자주 드나들기에 무엇을 하는 곳인가 궁금해 기웃거리다가 시작하게 된 것이었다. 그녀들도 그곳에서 검정고시를 준비하는 근로자였다.

자신이 가진 게 비록 초라해 보일지라도 감사하며 살도록 노력하는 게 자기 자신에게 이롭다. 감사하는 마음은 정신을 평화롭게 하고 삶을 점차 풍요롭게 만든다는 게 그동안 내가 살아오면서 깨달은 또 하나의 사실이다.

단점은 과감히 버리고, 장점을 키워라

요즘 서울에서 지하철을 타면 성형외과의 성형수술 광고를 자주 보게 된다. 성형 전과 후의 사진을 비교해서 보여주는 광고가 대부분인데 그것을 보면 '어떻게 사람을 저렇게 완전히 다른 사람으로 바꿔놓을 수가 있을까'라는 생각이 들어 경이로움마저 느끼게 된다. 나는 외모를 바꾸고 싶다고 생각해본 적은 없지만 취업한 뒤로 성격을 바꿔봐야겠다고 생각해본 적이 있다. 나는 내성적인 편이다. 외향적이지 못하고 사교적이지도 못하다. 휴대폰에 저장된 연락처의 숫자가 1,000개에 이를 만큼 사회생활을 하면서 알게 된 사람은 많지만 그중 친구와 가까운 지인을 제외하면 친분이 있는 사

람은 몇 명 없다. 특히 업무 관계가 아닌 사적인 자리에서 낯선 사
람과 함께 있는 것을 매우 불편하게 느낀다. 한동안 이런 성격을
단점이라고 여기고 사회생활을 하는 데 장애가 된다고 생각했다.
그래서 나의 성격을 외향적이고 사교적인 성격으로 바꿔보려고 했
다. 평소와는 다르게 별로 친하지도 않은 회사 동료에게 다가가 농
담을 건네기도 했고 출퇴근을 하면서 얼굴만 몇 번 본 회사 직원에
게 먼저 인사를 건네기도 했다. 유머에 관한 책을 갖고 다니면서
사람들을 웃게 할 수 있는 유머를 외우기도 했다. 회사에서 체육대
회나 야유회 같은 행사가 있으면 누가 시키지도 않았는데 분위기를
띄워보려고 앞에 나섰다. 그리고 평소 같으면 끼지 않을 술자리나
여러 모임에 참석해 사람들과 명함을 나누고 인사를 주고받았다.
그런데 이런 노력을 할수록 성격이 바뀌기는커녕 스트레스만 늘어
났다. 말하고 싶지 않은데 말해야 하고 웃음이 나지도 않는데 웃어
야 하고 어울리고 싶지 않은데 어울려야 하는 이런 모든 게 너무 피
곤하게 느껴졌다. 감정 노동이 따로 없었다. 그래서 그냥 생긴 대
로 살자며 성격을 바꾸려는 노력을 그만두었다.

　사람은 누구나 타고난 성격이 있다. 물론 사람의 성격이 형성되
는 데 후천적인 영향도 중요하다는 점을 인정하지만 어쨌든 천성이
라는 게 실제로 존재한다고 생각한다. 똑같은 부모 밑에서 자랐지

만 나와 두 동생은 외모가 다른 만큼이나 성격도 각양각색으로 다
르다. 아내의 네 자매도 성격이 다르다. 심지어 일란성 쌍둥이인
아내와 처제조차도 성격은 다른 점이 많다. 역시 일란성 쌍둥이인
나의 사촌동생 둘도 성격이 다르다. 내 딸아이를 보면 이제 겨우
유치원생이지만 사교성이 아주 좋다. 처음 보는 아이에게 먼저 다
가가 나이를 물어본다. 그래서 나이가 같으면 '우리 친구네~'라고
말하며 같이 놀자고 제안한다. 나이가 많으면 '그럼 언니네~'라고
말하며 역시 같이 놀자고 제안한다. 그리고 남자 아이, 여자 아이
구분 없이 친하게 지내며 유치원이 끝나면 놀이터에서 주로 남자
아이들과 함께 해가 질 때까지 뛰어놀다가 집에 들어온다. 둘 다
내성적이고 혼자 있기를 좋아하는 나와 아내만 보고 판단하면 도대
체 우리 딸이 어떻게 저런 사교적이고 활발한 성격인지 설명할 방
법이 없다. 그래서 딸의 사교성은 하늘이 내려준 것이라고 생각하
고 있다.

흔히 성공하려면 외향적이어야 한다거나 내성적인 성격은 폐쇄
적이라거나 하는 식의 사회적인 선입관이 있다. 심지어 흉악한 범
죄를 저지른 범인이 잡히면 성격이 내성적이고 평소 사람들과 잘
어울리지 못했다는 식의 보도를 흔히 접하게 된다. 지금까지 흉악
범이 잡혔을 때 성격이 외향적이고 사교적이라는 말을 들어본 적이

있는가? 나는 그런 기억이 없다. 반면에 사기꾼이 잡히면 외향적인 성격에 사람들과 잘 어울렸다고 말하는 경우가 많다. 이처럼 사람의 성격을 이분법적으로 구분하고 각각의 특성을 암묵적으로 규정짓는 사회적인 선입관 때문에 자신을 내성적이라고 생각하는 사람은 아마 한 번쯤 나와 비슷한 고민을 해본 적이 있을 것이다. 그런데 내가 했던 것처럼 자신의 성격을 바꾸려는 노력은 굳이 할 필요가 없다. 자신의 성격이 내성적이든 외향적이든 그것을 있는 그대로 받아들이고 장점으로 생각하는 게 이롭다. 자신의 근본과 다름없는 타고난 성격을 단점으로 생각하기 시작하면 모든 것이 단점으로 보이기 시작한다. 그러면 자신에게서 장점을 찾기가 어려워진다. 따라서 불필요한 고민을 하지 말고 내성적인 사람은 외향적인 사람이 갖지 못한 장점을 갖고 있으며 외향적인 사람은 내성적인 사람이 갖지 못한 장점을 갖고 있다고 생각하면 되는 것이다. 물론 자신에게 치명적인 단점이 있다고 생각한다면 그것을 바꾸기 위해 노력해야 할 것이다. 하지만 그 정도로 심각한 단점이 아니라면 자신에게서 단점을 찾아 바꾸려고 노력하기보다는 장점을 찾아 그것을 강점으로 만들기 위해 애쓰는 게 자신의 삶을 발전시키는 데 훨씬 더 생산적인 결과를 가져올 것이다.

인생을 좀먹는 가장
나쁜 태도는 **열등감**이다

·

·

·

　첫 직장이던 제약회사에서 근무할 때 내가 영업을 담당했던 지역에 매출이 크기로 소문난 내과 의원이 하나 있었다. 하지만 우리 회사와는 거래가 전혀 없었다. 나에게 여러 거래처를 인계해주었던 선임 사원은 웬만하면 그곳에는 가지 말라고 했다. 그 원장은 제약회사 영업사원을 벌레 취급하기 때문에 상종하기가 어렵다고 했다. 또한 자신이 거래하는 제약회사가 아니면 영업사원을 만나주지도 않는다고 했다. 한때는 우리 회사와도 많이 거래했지만 다른 제약회사의 경쟁 약품을 처방하기 시작하면서 거래가 끊어졌다고 했다. 하지만 나는 그렇게 매출이 큰 곳을 선임 사원의 말만 듣고 처음부터 포기하고 싶지는 않았다. 그래서 그 내과 의원을 찾아 갔다. 의원에 들어서자 도떼기시장처럼 환자들이 바글거렸다. 환자가 너무 많아서 기다려도 원장을 만나기가 쉽지 않을 것 같았다. 우선 간호사에게 명함을 건네자 원장은 거래하는 제약회사가 아니면 영업사원을 만나지 않으니 돌아가라고 했다. 그래도 나는 기다릴 테니 원장에게 명함을 전달해달라고 부탁했다. 그리고 환자들 틈에 끼어 앉아 원장이 부르기를 기다렸다. 얼마 후 진료실에 들어갔던 간호사가 나왔다. 그녀는 원장에게 명함을 전달했지만 만나지 않겠다고 하니 돌아가라고 했다. 할 수 없이 일단 그곳을 나왔다. 다음 날 아침 일찍 문을 열기도 전에 그 의원을 다시 찾아갔다. 진료를 시작하기 전에 원장을 만날 생각이었다. 의원 앞에서 잠시 기다리자 간호사가 출근해서 문을 열었다. 나는 환자 대기실에 앉아 원장이 오기를 기다렸다. 진료 시간이 다가오자 원장이 모습을 드러냈다. 자리에서 일어나 원장에게 인사를 한 뒤 잠시만 시간을 내달라고 부탁했다. 원장은 무표정하게 나를 쳐다본 뒤 어디서 왔냐고 물었다. 그래서 모 제약회사에서 왔는데 꼭 드릴 말씀이 있다고 말했다. 원장은 잠시 기다리라고 하더니 진료실로 들어갔다. 잠시 후 나를 불렀다. 진료실에 들어가자 원장은 기대하지 않았던 미소를 지으며 환자용 의자에 앉으라고 말했다. 그러면서 자신에게 꼭 할 이야기가 무엇이냐고 물었다. 나는 예전에 우리 회사 약품을 많이 처방했는데 지금은 왜 하지 않느냐고 물었다. 그러자 그는 그런 것은 알 필요가 없고 용건만 간단히 말하고 돌아가라고 했다. 그래서 나는 이번에 우리 회사 약품을 구입하면 회사의 특별 승인을 얻어 가격을 할인해줄 수 있으니 이번 기회에 다시 우리 회사 약품을 조금씩이라도 처방해달라고 부탁했다. 그러자 그는 미소를 버리고 표정을 바꾼 뒤 이렇게 대답했다.

"개지랄하지 말고 나가!"

순간 나는 황당한 마음에 말문이 막혀서 그를 멍하니 쳐다만 보았다. 그는 이어서 말했다

"나가라고, 안 들려?"

나는 당황했지만 원장의 눈을 똑바로 쳐다보며 이렇게 말했다.

"지금 하신 말씀 사과하십시오."

그러자 원장은 무엇을 사과하냐며 빨리 나가라고 소리를 질렀다. 나는 사과를 받기 전에는 나가지 않겠다고 버텼다. 그러자 그는 큰소리로 또 이렇게 말했다.

"열등감 심한 놈들이 꼭 이렇게 쓸데없는 자존심을 부린다니까."

진료실이 소란스러워지자 간호사가 들어와 밖에 환자가 있으니 나가달라며 원장을 거들었다. 그래도 나는 버텼다. 그러자 원장은

나가지 않고 진료를 방해하면 당장 경찰을 부르겠다고 했다. 나는 그렇게 하라고 했다. 이후에도 이런저런 실랑이가 오갔다. 내가 계속 버티자 결국 원장은 마지못해 사과했다.

"알았다. 미안하니까 빨리 나가라."

나는 20대를 보내는 동안 처지를 비관한 적은 많았지만 내가 남보다 못났다고 생각해본 적은 한 번도 없었다. 그 원장은 내가 열등감이 심해 자존심을 부린다고 생각했지만 나에게 자존심은 적당히 있는 편이었고 열등감 따위는 갖고 있지 않았다. 만약 오랫동안 세상을 원망하고 처지를 비관하던 내가 열등감까지 갖고 있었다면 정말 20대를 버텨내기 어려웠을 것이다. 나는 인생을 좀먹는 가장 나쁜 태도가 스스로 자신을 비하하는 열등감이라고 생각한다. 자기 자신을 추켜세우지는 못할 망정 남보다 못났다고 생각하면 실제로 못난이 인생을 살게 될지 모른다.

중학교 때 열등감이 심한 친구가 하나 있었다. 부모님이 이혼하고 가정형편도 안 좋은 친구였는데 툭하면 자기처럼 못난 놈은 처음부터 태어나지 말았어야 한다고 말했다. 늘 자신감도 없었고 주눅 들어 있었다. 친구들도 그를 무시하기 일쑤였다. 어느 날 담임 선생님은 종례 시간에 공납금을 못 낸 친구들을 세워놓고 너희 부모들은 참 한심하다고 말하면서 공개적으로 망신을 주었는데, 그날 친구들 앞에 서서 고개를 숙이고 눈물을 뚝뚝 흘리던 그의 모습을 아직도 잊지 못한다. 중학교를 졸업한 뒤 그를 만날 기회가 없었으나 대학 시절에 우연히 그를 다시 만났다. 방학 때 아르바이트로 나는 전자제품 부품을 제조하는 작은 공장에서 납땜질을 하거나 완제품을 박스에 담아 포장하는 일을 맡았고, 그는 생산 라인의 작업반장이었다. 처음에는 그 친구인지 몰랐고 그도 나를 알아보지 못했는데 그에게 일을 배우면서 서로를 알아보게 됐다. 그런데 그는 중학교 때 내가 알던 모습이 아니었다. 사람이 많이 변해 있었다. 그는 고등학교를 졸업한 뒤 그 공장에 취업했는데 사장님이 자신을 예뻐하며 많이 도와주어서 고마운 마음에 일을 열심히 했다고 한다. 군 제대한 뒤에도 특별히 할 일을 못 찾으면 다시 오라는 사장님 말씀에 그는 제대 후 바로 그곳에서 일을 시작했다고 한다. 그리고 얼마 뒤 사장님은 그를 작업반장으로 임명했다. 그는 그곳에서 몇 명 안 되는 인원이지만 생산 라인의 근로자를 통솔하고 있었다. 그의 얼굴에서 중학생 때의 열등감은 찾아볼 수 없었다. 그 나름의 자신감도 있어 보였다. 비록 그가 근사한 직업을 갖고 있는 것은 아니었지만 다행히 좋은 후견인을 만난 덕에 자신감을 얻고 밝은 모습으로 지내는 게 보기 좋았다. 만약 그가 지금까지도 자기처럼 못난 놈은 처음부터 태어나지 말았어야 한다는 심한 열등감을 갖고 지냈다면 아마도 무척 힘든 삶을 살았을 것이다. 내가 나 자신을 존중하지 않으면 세상도 나를 깔보고 존중하지 않기 때문이다. 그뿐만 아니라 내가 나 자신을 사랑하지 않으면 세상도 나를 사랑하지 않을 것이다.

그날 이후에도 나는 그 내과 의원을 2~3일에 한 번씩 찾아갔다. 다시 발길을 돌리고 싶지 않았지만 매출이 큰 곳이었기 때문에 쉽게 포기할 수 없었다. 물론 원장은 나를 만나주지 않았다. 간호사들도 나를 냉대했다. 그래서 나도 마음을 비우고 다른 거래처를 방문하는 길에 잠깐씩 들러서 약품 샘플을 조금씩 간호사에게 주고는 원장에게 전달해달라고 부탁했다. 그렇게 한두 달 정도 시간이 지난 어느 날이었다. 다른 때와 마찬가지로 잠시 들러 샘플을 두고 나오려는데 간호사가 원장이 내가 오면 잠시 보고 가라는 말을 했다며 환자 대기실에서 기다려보라고 했다. 웬일로 원장이 나를 만나겠다고 했는지 알 수 없었지만 조금 긴장된 마음으로 환자들 사이에 앉아 원장이 부르기를 기다렸다. 얼마 후 간호사가 진료실로 들어가보라고 했다. 진료실 문을 열고 들어가자 원장은 무표정한 얼굴로 나를 쳐다보지도 않고 왜 자꾸 오냐고 물었다. 나는 거래처이기 때문에 오는 것이라고 대답했다. 그는 우리 회사와 거래를 정리한 지가 언제인데 무슨 거래처냐는 식으로 말했다. 그러고는 우

리 회사 약품을 조금 주문할 테니 가져와 보라고 했다. 다른 제약
회사의 약품이 어떤 환자에게는 잘 듣지 않는 경우가 있어서 그런
환자에게만 우리 회사 약품을 조금씩 처방하겠다고 했다. 그러면
서 지난번에 내게 심하게 말한 것에 대해 미안하다며 사과했다. 나
도 그에게 무례하게 행동해서 미안하다고 사과했다. 원장은 과거
에 제약회사 영업사원에게 거래 관계에서 몇 번 농락당한 적이 있
어서 제약회사 영업사원을 잘 믿지 않으니 그렇게 알고 돌아가라고
말했다. 원장은 내가 진료실에 들어간 순간부터 나올 때까지 나에
게 한 번도 눈길을 주지 않았다. 그가 나를 불러 우리 회사의 약품
을 주문하고 사과를 하기까지 아마 적지 않은 용기가 필요했을 것
이다. 자존심을 잠시 내려놓는 것도 때로는 용기가 필요하다는 사
실을 나는 경험을 통해 알고 있다. 이후 그 내과 의원은 점차 우리
회사 약품의 처방량을 늘렸고 내가 담당했던 150여 곳의 거래처 중
영업 실적 상위 10위 내에 드는 대형 거래처가 됐다.

부모 품에서 벗어난 순간부터
인생은 힘든 것이다

고등학교 시절, 새벽에 화장실에 가고 싶어 잠에서 깼을 때 거실에서 담배를 피우던 아버지의 모습을 본 적이 있다. 등도 켜지 않은 채 눈을 감고 고뇌에 찬 표정으로 연기를 내뿜는 아버지의 모습이 무엇을 뜻하는지 그때는 몰랐다. 하지만 내가 결혼한 뒤 아내와 딸아이에 대한 부양 의무가 생기면서 그때 아버지가 왜 그렇게 고뇌에 차 보였는지 이해할 수 있게 됐다. 당시 아버지는 하던 일이 잘 되지 않아서 걱정을 많이 했던 것으로 기억한다. 대학을 중퇴한 뒤 공무원 생활을 시작했던 아버지는 내가 어릴 때 공무원 월급의 세 배를 받는 조건으로 지인이 경영하던 회사로 이직했다고 한다. 하지만 몇 년 뒤 회사가 문을 닫는 바람에 할 수 없이 자영업을 시작했다. 처음에는 일이 잘 풀리지 않아서 업종을 몇 번 바꾸었지만 성실하고 수완이 좋았던 아버지는 한때 많은 돈을 벌었다. 사실 나는 고등학교를 졸업할 때까지만 해도 갖고 싶은 것을 못 사거나 먹고 싶은 것을 못 먹어 본 경험이 없을 만큼 아버지에게서 풍족하게 용돈을 받아 썼다. 하지만 시간이 갈수록 일이 잘 풀리지 않는데다가 어머니와의 불화 때문에 아버지는 많이 힘들어했던 것 같다. 그날 새벽 거실에서 담배를 피우던 아버지에게 무엇보다 부담이 되었던 것은 당시 고등학생, 중학생이던 나와 두 동생을 양육하는 데 필요한 경제적인 책임감이었을 것이다. 사실 3형제 중 나 혼자만 대학에 진학했고 두 동생은 대학에 진학하지 못했다. 비록 내가 대학에 다니는 동안 가난 때문에 시달리기는 했지민 나는 두 동생에 비하면 아버지의 혜택을 많이 받고 자란 셈이다.

나는 빈털터리 집안에 나 하나만을 바라보고 시집 온 아내를 고생시켜서는 안 된다는 책임감을 늘 마음 한편에 갖고 있다. 또한 내가 경험했던 지긋지긋한 가난을 딸아이에게 경험시키지 않겠다는 책임감도 갖고 있다. 솔직히 말하면 이렇게 가장으로서 갖고 있는 책임감과 부담감이 때로는 너무 무겁게 느껴져 힘들 때가 있다. 그때마다 오래전 거실에서 눈을 감고 담배를 피우던 아버지의 모습

을 떠올린다. 그리고 20대 때 아버지를 원망하며 가슴 아프게 해드
렸던 여러 사건에 대해 죄송한 마음을 갖게 된다. 성인이 된 후 부
모의 품에서 벗어나는 순간부터 죽는 날까지 인생은 힘든 것이다.
20대만 힘든 게 아니라 30대가 되어도 힘들고 40대가 되어도 인생
은 힘들다. 사람마다 힘들다고 느끼는 정도의 차이가 있을 뿐이다.
이 말이 사실인지 아닌지는 세상에 조금만 귀를 기울여보면 쉽게
알 수 있다. 주변을 둘러보면 남녀노소 구분 없이 살기 힘들다고
외치는 아우성을 쉽게 들을 수 있다. 하지만 '우리나라 좋은 나라'
라며 노래하는 합창 소리는 듣기가 어렵다.

　사실 멀리서 사례를 찾을 필요도 없다. 당신의 부모님을 보면
인생이 힘든 것인지 아닌지 쉽게 알 수 있을 것이다. 부모님은 그
동안 당신을 뒷바라지 하느라 고생하신 것은 물론이고 대학 등록금
때문에 아직도 휜 허리를 펴지 못하고 지낼 것이다. 대학 졸업 후
에도 경제적으로 자립하지 못한 당신 때문에 여전히 걱정이 많을
수도 있다. 이미 당신이 경제적으로 자립했거나 출가했더라도 부
모님은 노후 준비가 제대로 안 되어서 여전히 걱정이 많을 것이다.
큰 병이라도 걸리면 자식에게 짐이 되거나 버림받을까 봐 노심초사
하며 살고 계실지도 모른다. 20대가 지나고 나이가 들수록 책임져
야 하는 일이 늘어나기 때문에 인생은 더 힘들어진다. 이처럼 인생

은 그 자체로서 힘든 것이라는 사실을 인정하고 순순히 받아들일 필요가 있다. 그렇지 못하면 현실을 부정하며 자신이 감내해야 하는 책임으로부터 도피하려는 마음이 자꾸 생길 것이다. 또한 자신의 뜻대로 되지 않는 일을 경험할 때마다 쉽게 좌절하게 될 것이다. 그러면 자신이 꿈꾸고 바라는 삶을 살기가 점점 더 어려워질 수밖에 없다. 그렇다고 비관주의자가 되어야 한다는 말이 아니다. 비록 힘든 인생이지만 그 안에서 꿈을 꾸면서 부족한 것을 채우기 위해 노력하고 크고 작은 고비를 넘다 보면 기쁨과 만족을 느낄 수 있다. 그뿐만 아니라 그 과정에서 행복을 경험할 수 있고 꿈을 이루는 일도 경험할 수 있다. 살아가면서 이처럼 좋은 일을 자주 경험한다면 인생의 무게는 점차 줄어들고 언젠가 자신이 바라는 모습대로 인생을 살아갈 것이다. 그렇기 때문에 긍정적인 생각을 하면서 살되 인생이 힘들다는 사실을 애써 부정하지는 말아야 한다.

쉽게 살려고 할수록 더 힘들게
살게 되는 세상의 이치

군에 입대했을 때 나는 논산훈련소에서 신병 훈련을 받았다. 훈련은 무척 힘들었지만 정신 차릴 틈도 없이 이리저리 굴러다니면서 훈련을 받았기 때문에 사실 힘들다고 생각할 겨를도 없었던 것 같다. 훈련의 마지막 날 그동안 말로만 들었던 40km 야간행군을 해야 하는 시간이 다가왔다. 저녁에 출발해 새벽에 목적지에 도착한 뒤 그곳에서 잠시 눈을 붙이고 아침에 훈련소로 복귀하는 코스였다. 완전군장을 매고 장거리를 행군할 생각을 하니 많이 긴장되고 두려운 마음이 들었다. 완전군장의 무게가 40kg이 넘었던 것으로 기억한다. 저체중에 약골인 내가 초등학생 아이만한 무거운 짐을 메고 행군하면서 과연 낙오하지 않고 완주할 수 있을까 걱정스러웠다. 걱정도 잠시, 해가 진 뒤 곧바로 행군이 시작됐다. 모든 훈련병은 군가를 부르며 씩씩한 모습으로 훈련소의 문을 나섰다. 하지만 행군 시작 후 몇 시간이 지나자 낙오하는 훈련병이 속출하기 시작했다. 낙오한 훈련병은 완전군장을 풀고 가벼운 몸으로 다시 행군에 참여하거나 의무 차에 실려 훈련소로 되돌아갔다. 자정이 지나자 나는 졸음을 참지 못해 행군 중에 계속 잠들기도 했다. 사람이 걷는 중에도 잠잘 수 있다는 사실을 그때 처음 알았다. 때문에 비틀거리며 걷다가 완전군장의 무게 때문에 몇 번이나 넘어졌다. 또한 너무 힘들어서 아픈 척하고 일부러 쓰러져버릴까 계속 고민했다. 그러면 훈련소로 되돌아가 편히 쉴 수 있거나 완전군장을 풀고 가벼운 몸으로 행군할 수 있었다. 사실 신병 훈련 기간 내내 감기가 떨어지지 않아서 실제로 컨디션이 매우 안 좋았기 때문에 그런 유혹이 머릿속을 떠나지 않았다. 하지만 차마 편히 쉬려고 일부러 쓰러질 수는 없었다. 그 와중에도 '이 정도의 고통을 견뎌내지 못한다면 앞으로 2년 이상 해야 하는 군 생활을 어떻게 감당해내겠는가'라고 생각했기 때문이다. 그렇게 사투 아닌 사투를 벌이던 중 드디어 목적지에 도착했다. 훈련병들은 야영하기 위해 천막을 쳤다. 그리고 훈련조교가 나누어 준 따뜻한 설탕물을 마신 뒤 비좁은 천막

안에 서로 뒤엉켜 잠에 빠졌다. 그때 나도 정말 꿀맛 같은 잠을 깊이 잤다. 지금까지 살면서 그만큼 달콤한 잠을 잤던 적이 없었던 것 같다.

우리는 힘든 일을 겪을 때 스스로 낙오하고 싶은 유혹에 빠질 수 있다. 그러나 스스로 낙오하기로 결정하는 순간 무거운 짐을 잠시 내려놓을 수 있을지는 몰라도 나중에는 더 무거운 짐을 지게 될 것이다. 힘든 일이 생길 때마다 스스로 낙오하는 습관을 갖게 되면, 그 짐이 언젠가 인생의 고난으로 바뀌어 어깨를 심하게 짓누르게 될 것이다. 만약 내가 야간 행군 당시 일부러 낙오해 훈련소로 되돌아갔다면 그날 하루는 편히 지낼 수 있었을 것이다. 그리고 그런 자의적인 낙오의 경험은 힘든 행군을 마친 뒤 마셨던 설탕물만큼이나 무척 달콤하게 느꼈을 것이기 때문에 쉽게 잊지 못할 것이다. 그래서 힘든 일이 생길 때마다 나의 삶에 책임감을 갖고 문제를 해결하려고 노력하기보다는 낙오의 달콤함에 중독된 채 스스로 낙오하기를 반복하면서 지금껏 나이를 먹었을지도 모른다. 그 달콤함이 다 녹고 나면 마지막에 남는 것은 쓰디쓴 고난뿐이다. 아이러니하게도 사람은 요령을 피우며 쉽게 살려고 할수록 힘든 인생을 살게 될 가능성이 큰 것 같다.

대학에 다닐 때 방학을 이용해 택시회사의 세차장에서 아르바이트를 했던 적이 있다. 겨울방학 때였기 때문에 찬바람을 맞으면서 택시를 세차하는 게 쉽지 않았지만 반나절 정도만 일하면 되었고 보수도 괜찮았기 때문에 일은 할 만했다. 당시 중년의 아저씨와 함께 일했는데 그는 나처럼 아르바이트가 아니라 몇 년 째 그곳에 상주하며 생업으로 그 일을 하고 있었다. 그런데 그는 이 핑계 저 핑계를 구실로 일을 하지 않고 나를 부리려고만 했다. 나는 한두 살 차이도 아니고 삼촌뻘 되는 사람과 다투는 게 싫어서 꾹 참고 그의 몫까지 맡아서 일했다. 택시의 내부를 청소하려고 시트를 들추면 승객이 흘리고 간 동전이 자주 나왔는데 그것을 모으면 매일 1,000~2,000원 정도가 됐다. 가끔 지폐가 나올 때도 있었다. 그는 자신이 주운 동전뿐만 아니라 내가 주운 동전까지 수거해서 자신의 주머니에 전부 챙겨 넣었다. 조카뻘 되는 젊은 사람 앞에서 창피한 줄 모르고, 그 나이 먹도록 요령만 피우면서 일은 하지 않고 내가 주운 동전까지 빼앗아 가는 그의 모습이 딱해보였다. 그가 참 불쌍하다는 생각이 들었다. 내 눈에는 그가 그동안 어떻게 살아왔는지, 앞으로 어떻게 살아갈지도 보였기 때문이다. 그는 그것이 자신의 생존 방식이라고 생각했는지 몰라도 그동안 그의 삶에 많은 짐을 얹어주었을 게 분명하다. 얼핏 보면 세상은 불공평한 듯 보이지만 공정한 면도 분명히 많이 있다.

요령을 피우며 세상을 쉽게 살려고 하는 것도 습관이고 열심히 사는 것도 습관이다. 열심히 산다고 성공과 편안한 삶이 보장되는 것은 아니지만 요령을 피우며 세상을 쉽게 살려고 해서는 결코 순탄한 삶을 살기 어렵다. 사람은 누구나 자신의 삶을 책임져야 하며 평생 그것으로부터 자유로울 수 없다. 다른 사람이 당신의 인생을 대신 살아줄 수 없으며 책임져줄 수도 없기 때문이다.

당신이 10년쯤 뒤에 어떤 모습으로 살고 있을지 궁금하다면 현재 당신이 어떤 태도를 갖추고 어떤 방식으로 살고 있는지 스스로 판단해보면 된다. 그러면 대략이라도 미래의 모습을 짐작해볼 수 있을 것이다. 물론 10년 뒤의 모습을 예측한다는 것은 불가능한 일이다. 하지만 우리는 각자 자신의 미래 모습에 대한 기대치를 갖고 있다. 그리고 그 기대치는 자신의 현재 모습에서 출발한다. 따라서 현재 자신이 살고 있는 태도와 방식을 판단해본다면 미래의 모습을 구체적으로 그리기는 어렵더라도 낙관적인지 비관적인지 정도는 짐작해볼 수 있을 것이다. 그 기대치를 돈, 직업, 명예, 권력 등과 같은 통속적인 것을 잣대 삼아 짐작해보라는 게 아니다. 그런 것보다는 지금 자신이 후회 없이 살고 있는가가 가장 중요한 판단 기준이 되어야 한다. 만약 짐작하는 자신의 미래 모습이 마음에 들지 않는다면 지금이라도 삶의 태도와 방식을 바꾸기 위해 노력해야 한다. 원인이 있고 과정이 있기 때문에 결과가 생기는 것이다. 그렇기 때문에 결과를 바꾸고 싶다면 먼저 원인을 바꾸고 새로운 과정을 밟아야 한다. 그렇지 않으면 아무것도 바뀌지 않는다.

그뿐만 아니라 세상을 쉽게 살려고 하는 습관이 들면 그리 높지 않은 인생의 고비 앞에서도 쉽게 무릎을 꿇고 자포자기할 것이다. 국어사전을 찾아보면 '자포자기'란 '절망 상태에 빠져 스스로 자신을 내버리고 돌보지 않음'이라고 되어 있다. 어린 아이를 방치하고 돌보지 않는 게 범죄이듯 자포자기해 자신을 내버리고 돌보지 않는 것도 범죄를 저지르는 것과 똑같다. 내가 다소 지나치게 말하는 것일지라도 현재 자포자기 상태에 빠져 있거나 과거에 그런 경험을 해본 사람이라면 그것이 얼마나 자기 자신을 학대하며 괴롭히는지 잘 알고 있을 것이다.

나 역시 자포자기 상태에서 충동적으로 목에 허리띠를 걸어보았기 때문에 그 사실을 잘 알고 있다. 그렇다고 자포자기를 경험한 사람 모두가 세상을 쉽게 살려고 했다는 말을 하는 게 아니다. 세상에는 몸과 마음을 사리지 않고 열심히 살지만 실패를 반복하거나 예기치 못한 불행을 만나 자포자기를 경험하는 사람이 분명히 있다. 그 외에도 피치 못할 사정 때문에 지옥 같은 삶을 경험한 뒤 그렇게 된 사람도 분명히 있다. 다만 내가 말하고 싶은 것은 요령을 피우며 쉽게 살려고 할수록 오히려 더 힘든 삶을 살게 될 것이라는 점이다. 나의 짐을 잠시 내려놓는다고 그것이 남의 짐이 되지는 않는다. 그렇기 때문에 요령을 피우며 살 생각은 애초에 하지 않는 게 이롭다. 또한 이미 그런 습관을 갖고 있다면 하루라도 빨리 버려야 한다.

부족한 것을 채워나가는
과정이 행복이다

.

.

.

　논산훈련소에서 신병 훈련을 마치고 퇴소식을 하던 날, 훈련소에 가족을 불러 면회하는 시간이 있었다. 그날 훈련병들은 가족이나 친구가 주고 간 군것질거리를 한 아름씩 품에 안고 막사로 돌아왔다. 그런데 훈련조교가 군것질거리를 전부 압수해갔다. 얼마 전에 훈련병이 잠자리에 누운 채 군것질을 하던 중 기도가 막혀서 응급실에 실려 간 사건이 있었는데 유사한 안전사고를 예방하기 위해서라고 했다. 나도 하는 수 없이 한가득 싸 들고 온 군것질거리를 내놓았지만 초콜릿 몇 개를 감춰두었다. 그리고 그날 밤 훈련병들이 모두 잠든 사이 화장실에 가서 변기 위에 쪼그리고 앉아 숨겨두었던 초콜릿을 빨아 먹었다. 훈련조교에게 들킬까 봐 소리가 안 나게 조심조심하며 그 자리에서 초콜릿 서너 개를 먹어 치웠다. 세상에 어떤 초콜릿이 그보다 더 달콤할 수 있겠는가? 사실 난 단 것을 별로 좋아하지 않기 때문에 지금은 누가 초콜릿을 줘도 잘 먹지 않는다. 무엇이든 풍족한 상황에서 느끼는 만족감보다는 부족한 상황에서 느끼는 만족감이 훨씬 더 큰 법이다. 그날 이후 20년 가까운 세월이 흘렀지만 지금도 초콜릿을 보면 그때 화장실에서 쪼그리고 앉아 먹었던 그 초콜릿의 달콤함이 떠오른다.

우리가 긴 인생을 어려움 없이 평탄하고 풍족하게만 살아간다면, 추측컨대 아마 평생 동안 만족감이 무엇인지 모른 채 살아야 할지 모른다. 만족감은 부족한 욕구가 채워졌을 때 생기는 감정이다. 만약 평생 동안 부족한 게 없이 산다면 죽을 때까지 만족감을 경험할 수 없을 게 아닌가? 그리고 평생 동안 만족감이 무엇인지 알지 못한다면 감사함이 무엇인지도 모르고 살지 않겠는가? 그것이 얼마나 불행한 인생인가? 재벌가의 후손 중에는 태어난 순간부터 이때까지 부족한 것 하나 없이 살아왔으면서도 사리사욕을 채우기 위해 불법과 부정을 밥 먹듯이 일삼고 심지어 깡패 짓까지 하는 사람이 있다. 나는 그런 사람을 보면 부럽기보다는 불쌍히 여겨진다. 또한 권력을 이용해 기업과 국민의 피를 빨아 먹는 기생충처럼

살면서도 부끄러운 줄 모르고 각종 기업 정보나 부동산 개발 정보
를 빼내 불법적인 재테크까지 일삼는 일부 정치인과 고위 공직자를
보면 그들에게 분노하기보다는 연민의 감정이 앞선다. 평생 자신
의 삶에 만족하지 못하고 욕심쟁이로 살아가는 그들이 얼마나 불행
한 사람들인가? 풍요 속의 빈곤이란 물질은 넘치지만 마음은 평생
가난한 그런 사람들을 두고 하는 말이 아닌가.

그들에 비하면 나는 정말 행복한 사람이다. 가난한 20대를 보낸
뒤 맨손이나 다름없는 상태에서 결혼했고 지금껏 아내와 함께 부족
했던 여러 것을 채우면서 살아왔기 때문이다. 그래서 만족감과 감
사함이 무엇인지 너무나 잘 알고 있다. 그뿐만 아니라 화목하지 못
한 가정에서 성장했기 때문에 아내와 딸과 주고받는 사랑이 얼마나
소중하고 감사한 것인지 너무나 잘 알고 있다. 매일 아침 집을 나
서기 전 딸아이가 나를 안아준 뒤 작은 입을 오므려 나에게 입을 맞
춰줄 때 내가 얼마나 행복한 사람인지 확인하게 된다. 행복은 내가
가진 물질의 양에 비례하기보다는 지식, 사랑, 돈 등 나에게 부족
한 것을 하나둘씩 채워나가는 과정에서 경험하는 것이다. 그러한
과정이 없다면 행복이 있을 수 없다. 그렇기 때문에 지금 당장 자
신에게 부족한 게 많다는 이유로 비관하거나 좌절할 필요가 전혀
없다. 앞으로 부족한 것을 채우는 과정에서 누릴 행복이 그만큼 많

이 남은 것이기 때문이다. 지금 나는 그럴듯한 말로 누군가를 위로 하기 위해 이런 이야기를 하는 게 아니다. 내가 진심으로 그렇다고 믿는 '사실'에 관해서 말하고 있을 뿐이다. 만약 내가 20대 때 이 사 실을 깨달았다면 원망과 불안 속에서 그렇게 오랜 시간을 허비하지 않았을 것이다. 당신은 황금 같은 20대를 나처럼 원망과 불안으로 까맣게 태워버리는 어리석음을 범하지 말았으면 좋겠다.

흔들리는 청춘이여,
자신을 들여다보자

대한민국은 스펙사회다

.

.

.

　1997년 IMF 외환위기 이전, 대학 졸업장만 있으면 대기업에 취업할 수 있던 시절이 있었다. 영어점수니 자격증이니 하는 스펙은 있으면 좋고 없으면 마는 것이었다. 심지어 낙제 과목이 많거나 학점 미달로 유급해서 5학년까지 다니고도 일단 졸업만 하면 취업이 가능했다. 경제 고도성장기에 기업은 많은 인력이 필요했고 지금처럼 대졸자가 많지도 않았기에 가능한 일이었다. 하지만 지금은 세상이 변해도 너무 변했다.

　최근 대학의 평균적인 취업률을 보면 스카이 대학 〉 서울 소재 대학 〉 지방 대학 〉 전문대 순서이며 취업 후 평균적인 임금 수준도 역시 동일한 순서다. 고졸자의 취업률은 얼핏 보면 대졸자의 취업률과 비슷한 수준인 것 같지만 대졸자에 비해 임금 수준이 형편없이 낮을뿐더러 안정적인 고용이 보장되지 않는 직장에 다니는 청년들이 대다수다. 그러니 고교 졸업자 열 명 중 여덟 명 이상이 대학에 진학하는 것은 당연한 현상이다. 또한 대학에 다니지 못한 많은 직장인이 승진이나 이직 등에 필요한 스펙을 쌓기 위해 독학사 시험을 준비하거나 방통대, 사이버대학에 다니면서 학사학위를 취득하고 그것도 모자라 야간에 대학원에 다니는 것도 이런 점과 무관하지 않다.

대한민국은 학벌사회고 스펙사회다. 정부가 교육정책은 물론 고용정책과 대기업 중심의 기업정책을 획기적으로 바꾸고 기업이 그에 순응하지 않는 한 앞으로도 변하지 않을 것이다. 이처럼 학벌, 학력, 학점, 영어 점수, 각종 자격증 등이 중시되는 사회에서 20대 청년들이 이를 외면하고 시대의 흐름에 저항하며 살기란 쉬운 일이 아닐 것이다. 기업은 대외적으로는 채용 과정에서 학벌이나 스펙보다는 인성과 업무 적합성을 더 중요하게 본다고 말하는 경우가 많지만 대기업에서 인사 업무를 담당하는 친구와 지인의 말을 들어 보면 실제로는 그렇지 않다. 경쟁률이 보통 수백 대 일인데 그 많은 입사 지원자의 인성과 업무 적합성을 무슨 재주로 어떻게 객관적으로 평가할 수 있겠는가? 서류심사에서부터 일단 학벌과 스펙으로 대부분 걸러진다. 그러한 현실에서 20대, 특히 대학생에게 스펙 쌓기를 그만두고 지성과 교양을 늘리고 꿈을 찾으라는 식의 말은 허무한 감상에 지나지 않는다. 성인이 되면 다른 무엇보다 일단 먹고 사는 문제가 해결되어야 한다.

그렇기 때문에 대학생에게 이런 말을 하는 게 너무나 미안하지만 돈이나 권력이 있는 부모를 만나지 못했다면, 그리고 취업을 하지 않아도 경제적으로 자립할 뚜렷한 수단이 있는 게 아니라면 대학에 다니는 동안에는 취업을 가장 중요한 목표로 삼아야 한다. 이를 위해 정직한 방법으로 학점을 관리하고 자신이 취업을 희망하는 업종에서 요구하는 스펙을 열심히 쌓아야 한다. 만약 가정 형편이 좋지 않아 아르바이트를 하며 보내는 시간이 많더라도 자신에게 주어진 한계 시간 내에서 그렇게 해야 한다. 무엇이든 나쁜 짓만 아니라면 치열하게 쌓은 경험은 인생을 살아가는 데 반드시 도움이 된다. 그리고 그런 경험이 모여서 자신의 꿈을 찾고 이루는 데도 크게 기여할 것이라고 믿는다. 젊은 시절에 무엇이든 몰입해서 파고드는 습관을 들이면 그것은 평생의 습관이 되어 어떤 일을 하더라도 목표 달성과 성공의 가능성을 높일 것이기 때문이다. 취업을 위해 학점을 높이고 스펙을 쌓기 위해 하는 노력도 대충 건성으로

하는 게 아니라 치열하게 경험한다면, 설령 자신이 원하는 기업에
취업하지 못하더라도 최선을 다했던 그 경험 자체는 자산으로 남아
언젠가 반드시 빛을 보게 될 것이다. 다만 그렇더라도 취업이 인생
의 가장 중요한 목표가 될 수는 없다. 취업은 사회생활의 첫 단추를
잘 채우기 위한 과정에 지나지 않는다. 다만 그 첫 단추를 잘 채우
지 못하면 그 뒤의 단추도 엉망이 되기 때문에 일단 첫 단추를 성공
적으로 잘 채우기 위해 최선을 다해야 한다. 그게 바로 내가 대학생
에게 취업이 가장 중요한 목표가 되어야 한다고 주장하는 이유다.

20대는 꿈을 찾아야 하는 때이기도 하지만 경제적으로 자립해
야 하는 때이기도 하다. 물론 어떤 게 더 중요한지는 개인의 판단
으로 결정해야 할 문제지만 나는 우선 경제적인 문제가 해결되지
않으면 꿈이 있더라도 그것을 이루기는 무척 어려울 것이리고 생각
한다.

얼마 전 한 젊은 여성 시나리오 작가가 자신의 자취방에서 숨진
채 발견된 사건이 있었다. 영화감독이기도 했던 그녀는 지병과 생
활고에 시달리다가 같은 주택에 살던 이웃에게 쌀과 김치를 얻을
수 없느냐는 쪽지를 남긴 뒤 세상을 떠났다. 그녀는 자신의 꿈을
이루기 위해 무던히 노력했고 치열하게 살아왔지만 지병과 배고픔

을 이기지 못하고 안타깝게 세상을 마감했다. 자신의 꿈을 위해 열정을 불태우던 한 청년이 세계 10위권의 경제대국인 대한민국의 대도시 한복판에서 아사로 추정되는 죽음을 맞이한 것이다. 국가와 사회는 젊은이에게 꿈을 찾아 도전하라고 말만 할 뿐 그들이 힘들고 지칠 때 몸과 마음을 기댈 수 있는 안전 바를 제공하지 않는다. 그러한 현실에서 기성세대는 젊은이들에게 스펙 쌓기를 그만두고 꿈을 찾아 도전하라는 식의 말을 함부로 하지 말아야 한다. 또한 지금 이 시대에는 취업에 필요한 스펙 쌓기에 몰두하는 것도 꿈을 찾고 이루어나가는 데 필요한 중요한 과정이다. 그래서 나는 그 과정을 폄하해서는 안 된다고 생각한다.

우리는 결말이 정해진 드라마 속의 주인공처럼 살아가는 게 아니다. 꿈에 목숨을 걸고 도전하더라도 그것이 이루어지지 않을 수 있으며 꿈 없이 살다가도 열심히 살다 보면 우연히 꿈을 발견하고 이룰 수도 있는 것이다. 또한 꿈을 찾지도 이루지도 못하고 성공하지 못하더라도 사랑하는 사람과 결혼해 자신을 닮은 아이를 낳아 키우며 알콩달콩 살아가는 것도 매우 가치 있는 삶이다. 다만 나는 어떤 경우에도 경제적으로 자립하는 게 우선해야 할 일이라고 생각한다. 그리고 이를 위한 가장 좋은 방법은 직장에 다니면서 월급을 받는 것이다. 그렇기 때문에 대학에 다니는 동안 취업을 가장 중요한 목표로 삼아야 하며 그것이 어렵다고 일찍 포기하면 안 된다. 쉽게 열리지 않더라도 해볼 수 있는 데까지 계속 기업의 문을 두드려봐야 한다.

모든 학문은 인생을 통해 완성된다

나는 고등학교에 다닐 때 이과계열을 선택했다. 이유는 단순했다. 대학에서 이공계를 전공해야 취업이 잘된다는 아버지의 조언에 따른 것이었다. 대학에 갈 때는 점수에 맞춰서 일단 학교를 먼저 정한 뒤 그다음에 학과를 선택했다. 나는 항공우주공학을 전공했는데 그 과를 선택한 이유는 우습게도 이름이 멋있어서였다. 학과 동기 중에는 천문학과처럼 하늘의 별을 관찰하고 연구하는 과인 줄 알고 입학한 친구도 있었으니 그보다는 나은 편이었다. 나는 대학에 입학하기 전에 적성과 진로에 대해서 제대로 고민해볼 기회가 없었다. 그뿐 아니라 대학에 다니면서도 내가 어떤 분야에 소질이 있고 어떤 일을 좋아하는지 판단해볼 기회가 없었다. 막연히 전공을 살려 대기업에 사무직 사원으로 취업하고 싶다는 생각만 주로 했을 뿐이다. 평생의 진로를 결정하게 될지도 모를 대학 전공을 그런 이유로 선택했다는 게 지금 생각해도 참 한심하다. 이름값이라도 하듯 내가 선택한 전공은 공부할 게 무척 많고 어려운 학문이었다. 한마디로 재미없는 공부였다. 그래서 나는 군대에 다녀온 뒤 전공이 적성에 맞지 않는다는 생각이 들어 한동안 많이 고민했다. 다른 대학의 다른 학과에 편입학을 할까도 진지하게 고민해보았다. 하지만 일단 편입 학원을 다니면서 공부할만한 경제적인 여유가 없었고 무엇보다 편입학을 한다면 어떤 학과를 선택해야 할지도 판단이 서지 않았다. '약학 대학에 편입해서 약사가 되면 돈을 많이 벌 수 있지 않을까'라는 생가을 해본 정도였다. 그럼에도 당시에는 편입학에 대해 상당히 진지하게 고민했고 한동안 정보를 수집할 겸 여기저기 편입학원을 기웃거렸지만, 결국 '돈도 없고 뚜렷한 목표도 없이 이게 무슨 시간 낭비인가'라는 생각이 들어 편입학에 대한 생각을 접었다. 나는 애초에 대학에 진학할 때부터 내가 어떤 분야에 적성과 소질이 있는지 알지 못했다. 또한 특별히 관심을 두고 있던 분야도 없었다. 그리고 군대를 다녀온 뒤에도 상황은 마찬가지였기 때문에 설령 편입학해서 전공을 바꾼다고 해도 그 또한 적성이나 진로 방향에 맞지 않는다면 그때는 정말 돈 낭비에 시간 낭비가 겹쳐 막대한 손해를 보는 것이었다. 사실 그게 가장 두려웠다.

내가 대학에서 전공한 학문은 사회에 나와서는 전혀 쓸모가 없었다. 관련 분야에서 일하지 않는다면 항공우주공학에 관한 지식을 어디에 갖다 쓰겠는가? 솔직히 다 잊어버려서 기억나는 게 거의 없다. 그렇게 고생하며 대학에 다녔지만 살아가면서 아무 짝에도 쓸모없는 공부를 하느라 금쪽같은 20대를 낭비했던 셈이다. 그런데 이는 내가 과거에 했던 생각이고 지금은 이와 전혀 다른 생각을 하고 있다. 나이가 들수록 그리고 인생의 경험이 많아질수록 내가 대학에서 공부한 게 충분히 쓸모가 있다는 사실을 깨달았다. 나는 대학에서 역학, 공학, 수학, 화학, 물리학, 비행체 설계 등 여러 과목을 공부했다. 그런데 이들 과목은 공통적으로 자연에 존재하는 법칙을 활용 또는 응용해서 인간의 실제 생활에 적용하는 데 주된 목적이 있다. 소설 읽듯이 재미있게 읽고 덮어버리는 공부가 아니라 어떻게 하면 내가 지금보다 편리하고 나은 삶을 살 수 있을지 고민하게 만드는 학문이라는 것이다. 그렇기 때문에 비록 수박 겉핥기식으로 공부했지만 언젠가부터 내가 대학에서 배운 것이 인생을 살아가는 데 많은 도움이 된다고 느끼기 시작했다. 항공우주공학이 그동안 내가 밟아온 커리어와는 아무런 관계가 없음에도 말이다.

내가 대학에서 배운 다양한 과목에서 연상할 수 있는 키워드를 생각나는 대로 나열해보면 이해, 논리, 연구, 분석, 판단, 예측, 추정, 가설, 가정, 단순화, 최적화, 계획, 설계, 성공, 실패, 대안, 응용, 실험, 시행착오, 오차, 오차 보정, 원인, 결과, 한계, 가능성, 확률, 효용, 경제성, 시스템 등이다. 그중 상당수가 그동안 내가 살아오면서 중요한 의사 결정을 내리거나 직장에서 업무를 수행하는 과정에서 활용했거나 고민했던 문제이다. 그 대상이 항공우주 분야가 아닌 다른 분야라는 점만 차이가 있을 뿐이다. 특히 내가 공학을 배우면서 체득한 분석적인 사고방식과 수학에 근거한 논리적인 사고방식, 가정을 세운 뒤 그것을 증명해나가면서 옳고 그름을 판단하는 연역적인 사고방식 등은 '목표 설정 → 전략 수립 → 실행 → 결과 확인 → 성공 또는 실패의 원인 분석 → 목표 또는 전략의 수정 → 실행'의 선순환 과정을 통해 원하는 것을 얻는 영업 분야와 재무설계 분야에서 일하는 데 많은 도움이 됐다. 또한 공학 문제 하나를 붙잡고 며칠 동안 끙끙거리면서 연구한 끝에 해답을 찾아냈던 여러 번의 경험은 나로 하여금 어떤 목표를 달성하기 위해 몰입하며 연구하는 습관을 갖게 해주었다. 그런 이유 때문에 지금은 대학에서 쓸모없는 공부를 하느라 시간을 낭비한 게 결코 아니며, 오히려 값진 공부를 한 것에 대해 감사한 마음을 갖고 있다.

나는 다른 전공 분야에서는 어떤 공부를 하는지 잘 알지 못한다. 하지만 어떤 학문을 전공했든 그것이 자신의 직업이나 진로와 직접적인 관련이 없더라도 그 학문을 통해 배운 삶의 이치는 실제 생활에 활용할 수 있는 부분이 많을 것이다. 나는 모든 학문은 하나로 통한다는 말을 믿는다. 그 하나가 바로 인생이다. 인생이 없다면 학문도 있을 수 없고 인생에 도움이 되지 않는 학문은 존재할 수 없다. 수천 년 전부터 인류가 좀 더 나은 삶을 살기 위해 연구하고 고민해서 얻은 지식과 경험을 집대성한 게 바로 학문이기 때문이다. 다시 말하면 이 세상에 배워서 쓸모가 없는 학문은 없다.

내가 대학에 다닐 때나 지금이나 학과 공부가 적성에 맞지 않아 고민하는 대학생이 많은 것 같다. 가장 큰 이유는 중고등학교를 다니는 동안 입시 위주의 교육을 받은 탓에 자신의 적성과 진로에 대해 충분한 고민 없이 학과를 선택했기 때문이다. 그래서 학과를 바꾸기 위해 편입학을 준비하거나 아예 수능 시험을 다시 준비하려는 대학생이 많은 것으로 안다. 그런데 그런 결정을 내리기 전에 꼭 생각해봐야 할 문제가 있다.

그러면 지금은 자신의 적성을 고려해 뚜렷한 진로를 정했는가?

이 문제에 대해 스스로 명쾌하게 'yes'라고 답하지 못한다면 학과를 바꾸더라도 똑같은 전철을 다시 밟게 될지 모른다. 그러면 돈을 낭비하는 것은 물론이고 돈보다 훨씬 더 중요한 시간을 허비하게 된다. 따라서 만약 진로를 뚜렷이 정하지 못한 채 막연한 생각으로 편입학을 준비하려거나 수능시험을 다시 준비하려는 대학생 독자가 있다면 차라리 지금의 학과 공부를 좀 더 열심히 해보라고 말해 주고 싶다. 편입학을 하려는 경우가 아니어도 현재 학과 공부가 적성에 맞지 않아 고민하는 대학생 독자가 있다면 역시 같은 말을 해주고 싶다. 비록 지금은 학과를 잘못 선택했다는 생각이 들지 몰라도 열심히 배워두면 자신의 인생에 분명히 도움이 될 것이다. 모든 학문은 결국 인생으로 통하기 때문이다.

편입 준비 전에 생각해야 할 것들

.

.

.

최근 들어 다른 대학에 편입학하기 위해 제2의 입시 준비를 하는 대학생이 매우 많아졌다. 한 번 시험을 치를 때마다 서울과 수도권 대학의 편입시험 응시자만 15만 명이 넘는다고 하니까 한 사람이 서너 곳에 복수 지원하는 것을 감안하더라도 대단히 많은 숫자다. 경쟁률도 취업 경쟁률만큼이나 심하다. 내가 대학에 다녔던 1990년대에는 전문대학을 졸업한 뒤 4년제 대학에 편입학하는 학생들이 많았다. 내가 다녔던 학과의 편입생들도 대부분 전문대학을 졸업한 학생들이었다. 그런데 지금은 전문대학 출신보다는 4년제 대학에 다녔거나 졸업한 뒤 편입학하는 학생의 비중이 훨씬 더 크다고 한다. 그중 상당수가 지방 대학에서 서울과 수도권 대학에 편입학하거나 그전에 다녔던 대학보다 상위권으로 불리는 대학에 편입학한 경우라고 한다. 심지어 대학만 바뀌고 그전에 다녔던 학과와 동일한 학과에 편입학한 학생도 많다고 하니, 이런 경향을 보면 편입학제도는 전공이 적성과 진로에 맞지 않다고 판단될 경우 다른 대학의 다른 학과로 옮길 수 있는 기회를 준다는 애초의 취지에서 벗어나 취업에 유리한 학벌을 갖추기 위한 스펙 쌓기의 수단으로써 이용되는 것 같다. 물론 그중에는 순수하게 자신의 적성과 진로에 맞는 학과를 찾아서 편입학한 사람도 분명히 있겠지만 그런 사례가 몇이나 될지 무척 궁금하다.

앞서 나는 대학에 다니는 동안에는 취업을 가장 중요한 목표로 삼아야 하며 이를 위해 자신이 취업을 희망하는 업종에서 요구하는 스펙을 열심히 쌓아야 한다고 주장했다. 그렇기 때문에 지금보다 나은 학벌 스펙을 만들기 위해 편입학제도를 이용하는 것에도 편견은 없다. 하지만 자신의 적성과 진로 방향에 대해 최선의 고민을 하지 않고 단순히 취업에 유리한 학벌을 갖추기 위한 수단으로써 편입학제도를 이용하는 것은 문제가 있다. 취업은 사회생활의 첫 단추를 채우는 것과 같기 때문에 매우 중요하지만 처음부터 끝까지 단추를 잘 채우더라도 옷이 몸에 맞지 않으면 영 거추장스럽고 불편할 것이다. 그렇기 때문에 단추를 채우기 전에 자신의 몸에 잘 맞는 옷을 먼저 찾는 게 순서다. 다시 말하면 자신의 적성을 파악하고 진로를 정한 뒤 스펙을 쌓는 게 순서라는 것이다. 나의 경우 대학 졸업과 동시에 취업했기 때문에 첫 단추는 잘 채운 셈이었다. 그리고 한동안 다음 단추도 잘 채워나갔다. 하지만 옷이 몸에 맞지 않아 결국 벗어버렸다. 그것도 여러 번 입고 벗고를 반복했다. 물론 결과적으로는 그런 경험이 내 인생에 많은 도움이 되었다고 믿지만 처음부터 몸에 맞는 옷을 찾아 입을 수 있었다면 시행착오를 많이 줄였을 것이다. 그래서 나는 적성을 파악하지 못하고 진로를 정하지 못한 채 대학을 졸업한 것에 대해 지금도 아쉬움이 크다. 기왕에 편입학을 하려거든 대학의 이름을 따지기에 앞서 자신의 적성과 진로 방향에 맞는 학과가 무엇인지 최대한 고민해봐야 할 것이다. 그리고 그것을 결정하지 못한다면 차라리 지금의 학과 공부를 열심히 하면서 편입학 시험 준비에 들일 시간과 노력을 자신의 적성과 진로 방향을 찾는 데 사용하는 게 인생을 멀리 봤을 때 훨씬 더 나은 선택이 될 것이다.

슬픈 장학금의 추억

　대학에 다닐 때 한번은 독하게 마음먹고 전액 장학금을 받아보 겠노라고 다심한 적이 있다. 힘들게 아르바이트를 해서 돈을 버는 것보다 차라리 열심히 공부해서 전액 장학금을 받으면 성적도 높이 고 돈 걱정도 덜면서 학교를 다닐 수 있을 것이라고 생각했다. 당 시 내가 속했던 학과에서는 학기마다 학년별로 성적 우수자 한 명 에게만 전액 장학금을 주었고 이하 몇 명에게는 등록금의 3분의 1 정도에 해당하는 부분 장학금을 주었다. 따라서 내가 전액 장학 금을 받기 위해서는 학년에서 수석을 하는 방법밖에 없었다. 개강 첫날부터 새벽에 일어나 학교 도서관으로 향했다. 도서관 문이 열

리자마자 자리를 잡고 앉아서 공부를 시작했고 문을 닫는 시간에
도서관을 나왔다. 강의 시간에는 맨 앞자리에 앉아서 열심히 수업
을 들었고 리포트는 최대한 정성을 다해 작성해서 제출했다. 당시
나를 지켜보던 한 친구는 나에게 갑자기 미친 것 아니냐며 농담하
기도 했다. 그렇게 한 학기 내내 도서관에서 살다시피 하며 공부했
다. 고3 때도 그렇게 열심히 공부해본 적이 없었다. 기말시험이 끝
난 날 긴장이 풀리고 나른함이 밀려들었다. 머물던 고시원에 짐을
풀자마자 곯아떨어져 다음 날 해가 질 때쯤이 되어서야 잠에서 깼
던 것으로 기억한다.

얼마 후 성적을 확인했을 때 나는 날아갈 듯이 기뻤다. 만점에
가까운 평점을 받았기 때문이다. 당시 수강했던 과목 중 한 과목만
빼고 전부 A+학점을 받았고 나머지 한 과목도 A학점을 받았다.
내가 수석임이 틀림없었다. 하지만 그 기쁨은 오래가지 못했다. 학
과 사무실에 확인한 결과 나는 수석이 아닌 차석이었다. 나와 함께
같은 학년에 다녔던 후배가 전 과목 A+학점을 받고 수석을 했다.
가슴이 내려앉는 것 같았다. 경쟁에서 이긴 그에게 박수를 보내야
했지만 나에게는 그럴만한 마음의 여유가 없었다. 결국 나는 비겁
한 짓을 하고 말았다.

며칠 뒤 학과장실로 찾아갔다. 그리고 교수님께 내 사정을 설명

한 뒤 학과장의 재량으로 전액 장학금을 내가 받을 수 있도록 해달라고 부탁드렸다. 교수님은 곤란하다고 하셨지만 가정형편을 고려해 차석이 전액 장학금을 받았던 전례가 있었기 때문에 나는 선처해달라고 교수님께 사정한 뒤 학과장실을 나왔다. 사실 그 후배도 가정형편이 어렵기는 마찬가지였다. 게다가 나는 한동안 그의 자취방에서 잠자리를 신세진 적도 있었기 때문에 축하는 못 해줄 망정 그의 장학금을 탐하지는 말았어야 했다. 하지만 나는 그의 어려운 형편을 알았음에도 교수님을 찾아가 그의 것을 덜어서 내 밥그릇을 가득 채워달라고 사정했다. 혹시나 하는 마음으로 교수님의 결정을 기대했지만 전액 장학금은 본래의 주인인 그에게 지급됐다. 당시에는 크게 실망했지만 지금 생각해보면 참 다행스러운 일이다. 만약 그의 장학금이 내게 왔다면 나는 지금까지 그에게 미안한 마음을 갖고 살고 있거나 아니면 이후에도 내가 원하는 것을 얻기 위해 힘 있는 사람에게 청탁이나 하면서 살고 있을지 모를 일이다. 지금도 종종 연락하고 지내는 그 후배는 내가 자신의 장학금을 빼앗으려고 했다는 사실을 모르고 있을 것이다.

내 친구 중에는 모 대학의 교수가 있다. 한번은 기말시험이 끝난 뒤 어떤 학생이 값비싼 양주를 사 들고 연구실을 찾아왔다고 한다. 그리고 다른 과목은 전부 A학점을 받았는데 친구가 가르친 과목만 B학점을 받았다며 성적을 올려달라고 부탁해왔다. 친구는 정당한 사유 없이 그럴 수 없으니 돌아가라고 했지만 학생은 자신의 사정을 설명하며 완강히 요구했다. 친구는 일단 돌려보내야겠다는 생각에 검토해보겠다는 말을 해준 뒤 양주를 갖고 돌아가라고 했다. 그러자 그는 양주는 특별한 목적이 있어 가져온 게 아니라 한 학기 동안 가르쳐준 것에 대한 감사의 선물이니 아무 부담 갖지 말고 드시라며 두고 나갔다.

학점 정정 기간이 끝난 뒤 그 학생이 친구의 연구실을 다시 찾아왔다. 그는 교수님 말씀을 믿고 돌아갔는데 왜 성적을 올려주지 않았느냐고 물었다. 친구는 검토해보겠다고 했지 성적을 올려주겠다고 말한 적이 없다고 대답했다. 그러자 그는 '그러면 양주는 왜 받았느냐'고 따졌다. 기가 막혔던 친구는 그에게 대략 이렇게 말해 주었다고 한다.

"정당한 사유 없이 네 성적을 올려 주면 다른 학생이 피해를 볼 수 있기 때문에 그렇게 하지 않았다. 그리고 양주는 네가 두고 갔지 나는 받은 적이 없다. 저 책장 안에 있으니 갖고 돌아가라. 어디서 누구에게 무엇을 보고 배웠는지 모르겠지만 이번 기회에 세상에는 이런 게 통하는 경우보다 안 통하는 경우가 더 많다는 사실을 깨닫기 바란다."

　세상은 사람들에게 암묵적으로 경쟁을 강요한다. 그리고 사람들은 대개 경쟁하며 사는 것을 당연한 것으로 받아들인다. 그 이유는 사람들이 그것을 원해서라기보다는 경쟁에 너무 익숙해져 있기 때문이다. 중고등학교 때는 대학에 가기 위해 밥 먹는 시간도 줄여가며 경쟁해야 하고 대학에 가서는 취업하기 위해 머리를 싸매고 경쟁해야 한다. 요즘에는 아이를 좋은 유치원에 보내기 위해서도 추첨 경쟁을 해야 하는 세상이다. 경쟁에서 살아남은 자는 마치 위너가 된 듯 으쓱해하고 그렇지 못한 자는 루저가 된 듯 어깨를 움츠리기까지 한다. 오죽하면 '일등만 기억하는 더러운 세상'이라고 외치는 코미디가 대중의 공감을 얻으며 히트했겠는가? 그러다 보니 때로는 정당하지 않은 방법을 통해 경쟁에서 살아남고 자신이 원하는 것을 얻으려는 유혹을 받을 때가 생긴다. 만약 그 유혹에 넘어간다면 당장 원하는 것을 얻겠지만 그로 인해 누군가는 반드시 자신의 정당한 기회를 잃게 된다. 그리고 언젠가 본인도 똑같은 방법으로 자신의 기회를 누군가에게 빼앗길 것이다. 빼앗고 빼앗기는 삶은 늘 긴장과 스트레스를 불러온다. 그렇게 피곤하게 살기보다는 자신의 것이 아니라면 처음부터 탐하지 않는 게 마음 편히 사는 길이다. 하지만 누군가 자신의 것을 빼앗으려 한다면 적극적으로 나서서 방어해야 한다.

적성과 연봉을
꼼꼼하게 저울질하라

20대 청년이 취업과 진로에 대해 고민하면서 흔히 부딪히는 문제가 돈을 많이 버는 일을 찾을 것인가 아니면 돈을 적게 벌더라도 좋아하는 일을 찾을 것인가 하는 점이다. 즉 직업을 선택할 때 가장 중요한 기준이 돈인가 적성인가 하는 문제다. 물론 누구나 돈과 적성, 두 마리 토끼를 다 잡고 싶겠지만 그렇더라도 어떤 게 더 중요한지는 사람마다 다를 것이다. 그런데 지금처럼 바늘구멍과도 같은 취업시장에서 20대 청년들이 돈과 적성을 저울질하며 직업을 선택할 수 있는 기회는 사실상 없다고 해도 과언이 아니기 때문에 어떤 게 더 중요한지는 일단 어디든 취업하고 나서 이후의 진로를 계획할 때 판단해야 하는 문제일 수도 있다. 하지만 상황이 어떻든 돈과 적성 중 어떤 것에 더 큰 가치를 두고 직업을 바라볼 것인지 결정하는 것은 매우 중요하다. 왜냐하면 젊어서 갖는 직업적인 가치관에 따라 자신이 평생 동안 어떤 일을 하면서 살아갈지 그 방향성이 결정될 수 있기 때문이다. 직장인 대부분이 잠을 자는 시간을 빼고 하루 중 가장 긴 시간을 일터에서 보내고 있으며, 특히 남성의 경우 보통 인생의 3분의 1 이상을 일터에서 시간을 보낸다는 점을 고려하면 중요한 문제가 아닐 수 없다.

몇 년 전 한 다큐멘터리 방송('SBS 스페셜 인재전쟁 1부·신화가 된 인재')에서 한 가지 흥미로운 조사 결과를 보여주었다. 미국의 스롤리 블로토닉 연구소라는 곳에서 미국 아이비리그 대학 졸업생 1,500명을 대상으로 1960넌부터 20년 동안 직업 선텍의 동기에 따른 부의 축적 여부를 조사했다고 한다. 졸업생을 '돈을 많이 버는 직업'을 선택한 그룹(1,245명, 83%)과 '자신이 좋아하는 일'을 선택한 그룹(255명, 17%)으로 나누고 20년 후 그들을 추적 조사했는데 그 결과가 무척 흥미롭다. 1,500명의 졸업생 중 101명이 백만장자가 되었는데 그 중 100명이 좋아하는 일을 직업으로 선택한 그룹에 속했고 돈을 많이 버는 직업을 선택한 그룹에서 백만장자가 된 사람은 단 한 명뿐이었다. 이 사실만 갖고 판단하면 적성보다 돈에 더 큰 가치를 두고 직업을 선택한 사람이 백만장자가 될 가능성은 거의 없는 것이나 마찬가지다. 돈을 좇으면 오히려 돈에서 멀어진다는 말이 근거가 전혀 없는 얘기는 아닌 것 같다. 또한 다큐멘터리 취재 팀이 발견한 성공한 인재들의 공통점은 자신이 어떤 사람인지 정확히 알고 있으며 자신이 좋아하는 일을 하고 있다는 사실이었다. 내용을 정리해보면 부의 축적은 물론 직업적으로 성공하려면 돈을 좇기보다는 자신이 좋아하는 일, 즉 적성에 맞는 일을 직업으로 선택해야 한다는 것이다. 또한 국내외를 막론하고 성공한 사람들은 '돈보다는 일을 좇아라' '좋아하는 일을 해라' '좋아하는 일을 하면 돈은 저절로 따라온다'라는 식의 조언을 공통적으로 하는 것을 보면 돈보다 적성에 더 큰 가치를 두고 직업을 선택하는 사람이 성공할 가능성이 크다는 사실은 틀림없어 보인다.

그런데 과연 그게 진실일까?

어떤 사실이든 그것이 나의 사고와 행동에 큰 영향을 미칠 수 있을 만큼 중요한 사안이라면 여과 없이 그대로 받아들이기보다는 한 번 정도는 그것이 정말 진실인지 의심해보는 습관을 갖는 게 좋다. 그렇지 않으면 진실이 아닌 것을 진실이라고 맹신하는 오류에 빠질 수 있기 때문이다. 하버드를 포함한 세계 최고 수준의 명문 대학 졸업생 중 돈을 많이 버는 직업을 선택한 사람 중에 백만장자가 된 경우가 거의 없다는 사실은 매우 놀랍지만 그것이 겨우 1,500명을 대상으로 한 조사 결과라면 곧이곧대로 받아들이기 어렵다. 또한 1,500명을 선정한 기준이 무엇인지 알 수 없으나, 우리나라로 치면 20년 전에 스카이 대학을 졸업한 사람 1,500명 중 돈을 많이 버는 직업을 선택한 그룹을 추적 조사해보니까 오늘날 10억 원 이상의 자산을 보유한 사람이 단 한 명뿐이었다는 말인데 이는 고개를 갸웃거리게 만든다. 우리나라만큼 심하지는 않더라도 미국도 학벌이 중시되는 사회이고 학벌에 따른 계층 간의 소득 격차가 큰 것으로 알고 있는데 최고의 명문 대학을 졸업한 사람 중에서 억만장자도 아닌 백만장자가 된 사람이 1,245명 중 10명도 안 된다는 사실이 나로서는 쉽게 믿기지가 않기 때문이다.

그뿐만 아니라 좋아하는 일을 직업으로 선택한 졸업생 255명 중에서 무려 40%에 달하는 100명이 백만장자가 되었다는 사실도 나로 하여금 '확률적으로 과연 그게 가능한가'라는 의문을 갖게 한다. 그렇다고 그 조사 결과를 부정하려는 것은 아니다. 다만 조사 대상을 선정하는 방식과 조사 방법에 따라 결과는 그때그때 다를 수 있기 때문에 사람들 사이에서 회자되는 그런 종류의 조사 자료나 통계 자료 등을 보고 '그러니까 ~하려면 ~해야 한다'는 식으로 쉽게 받아들이는 것은 바람직하지 않다는 말을 하고 싶은 것이다. 어떤 중요한 명제를 받아들일 때는 거기에 자신의 생각과 판단이 들어가야 한다. 그렇지 않으면 자신의 인생을 이 사람 저 사람의 생각에 맞추어 우왕좌왕하면서 살게 될 수 있다.

돈보다는 좋아하는 일을 좇으라 또는 좋아하는 일을 하다 보면 돈은 저절로 따라온다고 말하는 사람은 결과적으로 성공했기 때문에 그런 말을 할 수 있는 것이다. 그리고 그중에는 자신의 일을 좋아하지 않지만 돈을 많이 벌기 때문에 지금껏 그 일을 해왔으면서도 체면상 그렇게 말하는 사람도 분명히 있을 것이다. 사실 적성에 맞지 않는 일을 하더라도 그 일을 통해 돈을 많이 벌게 되면 없던 적성이 생길 수도 있다. 그러니까 '성공하려면 자신이 좋아하는 일을 해야 한다'라는 식의 명제가 참인지 거짓인지도 그때그때 다를 수 있다. 사람들은 자신의 경험만으로 세상을 바라보는 경향이 있다. 마치 우물 안 개구리처럼 말이다. 그렇기 때문에 자신의 우물에서 바라보는 하늘이 세상의 전부라고 믿고 동네 사람들에게 자신이 본 하늘만 하늘이라고 주장하는 경향이 있다. 나 또한 마찬가지다. 내가 이 책에서 여러 생각과 주장을 펼치고 있지만 나 역시 수많은 우물 안 개구리 중 하나일 뿐이다. 따라서 당신이 나의 생각과 주장을 받아들일 때도 충분히 여과한 뒤 취사선택해야 할 것이다. 나와 당신은 서로 다른 우물 안에 살고 있으며 나는 당신의 우물이 아닌 나의 우물에서 바라본 하늘에 관해서만 이야기할 수 있기 때문이다.

이제 현실적으로 당신의 입장에서 직업을 선택할 때 돈이 중요한가 적성이 중요한가 생각해보자. 우선 당신이 입사 지원서를 낸 수십 곳의 기업 중 최종 합격한 기업이 A사와 B사 두 곳이라고 가정해보자. 당신이 A사에 입사하면 적성에 맞는 일을 할 수 있지만 B사에 입사하면 적성에 맞지 않는 일을 해야 한다. 다만 어떤 일을 하든지 업무의 강도는 똑같다. 그리고 기업을 선택하는 기준은 돈과 적성 외에는 고려하지 않는다. 이런 가정하에서 만약 A사의 급여가 B사보다 많거나 동일하다면 당신은 분명히 A사를 선택할 것이다. 또한 급여의 차이가 근소하다면 그때도 역시 A사를 선택하게 될 가능성이 클 것이나. 그런데 A사의 급여가 200만 원이고 B사의 급여는 250만 원이라면 그때는 어떤 기업을 선택할 것인가?

당신이 어떻게 답했는지 알 수 없지만 나라면 B사를 선택할 것이다. B사에서 할 일이 죽을 만큼 싫은 일이 아니라면 나는 50만 원의 급여 차이를 쉽게 무시할 수 없기 때문이다. 1년으로 따지면 600만 원이나 차이가 나고 그 돈을 10년만 저축해도 원금만 6,000만 원이 된다. 그리고 6,000만 원은 대단히 큰돈이다. 우리나라처럼 돈 없이 살기 힘든 사회에서 적성 때문에 이 정도의 급여 차이를 무시하는 게 과연 합리적인 결정인가 하는 문제에 대해 깊이 고민해볼 필요가 있다. 그리고 B사에서 하게 될 일이 내가 과거에 경험해본 분야가 아니라면 적성에 맞는지 아닌지는 직접 해봐야 알 수 있다. 일을 시작하기 전에는 적성에 맞지 않을 것으로 생각했는데 실제로 경험해보니 적성에 맞을 수도 있다. 반대로 적성에 맞을 것으로 생각한 A사의 일을 직접 해보니 실제로는 그렇지 않을 수도 있다. 만약 내가 나의 적성을 파악하지 못한 채 취업난을 피해 일단 어디에든 취업을 하는 게 목표라면 그때는 고민하지 않고 급여를 많이 주는 B사를 바로 선택할 것이다. 당신이 A사를 선택하든 B사를 선택하든 얻는 것이 있고 잃는 것도 있을 것이기 때문에 양측의 장단점을 자신의 입장에서 신중히 따져본 뒤 판단하고 결정해야 나중에 후회가 없을 것이다.

직업을 선택할 때 돈이 중요한가 적성이 중요한가라는 문제에 대해 결론적으로 내가 당신에게 해주고 싶은 말은 다음과 같다. 현재 당신이 어떤 일을 할 때 즐거운지 또는 어떤 일을 잘하는지 파악하지 못한 채 구직 활동을 하고 있다면 적성보다는 돈에 무게를 두고 직업을 찾는 게 좋을 것이다. 물론 자신의 적성을 찾기 위한 노력을 멈춰서는 안 되겠지만 적성을 파악하지 못한 채 당장 학교를 졸업하고 직장을 구해야 하는 입장이라면 어떤 일을 하든 일단 부딪혀보면서 자신의 적성 여부를 판단해봐야 한다. 또한 적성에 맞는 일이 무엇인지 잘 알고 있더라도 그 일을 통해 돈을 벌기는 어렵다고 판단되면 그보다 많은 돈을 벌 수 있으면서도 자신의 적성과 크게 어긋나지 않는 다른 일을 찾는 게 좋을 것이다. 적성에 맞지 않는 일을 하더라도 경제적으로 안정이 되고 나면 마음의 여유는 물론 시간의 여유가 생기기 때문에 자기계발을 통해 적성에 맞는 일을 하는 데 필요한 능력과 전문성을 기를 수 있다. 물론 그만큼 부지런해야 하겠지만 말이다. 또한 그렇게 부지런히 노력해서 적성에 맞는 일에 필요한 능력과 전문성을 갖춘다면 다니던 직장을 그만두고 다른 일을 찾아 도전할 때 용기를 낼 수 있다. 하지만 아무리 적성에 잘 맞는 일이라도 경제적으로 안정되지 못하면 나이가 들수록 불안과 스트레스가 심해진다. 내 경험상 일이 적성에 맞지 않아 힘든 것보다 돈이 없어 힘든 게 사람을 더 고달프게 한다.

그러나 내 직업 가치관이 돈에 중심을 두는 것은 아니다. 사실 나는 돈보다는 적성을 우선 고려해서 직업을 찾는 게 현명한 판단이라고 생각한다. 다만 내가 그 직업을 통해 경제적으로 안정을 추구할 수 있고 가족을 부양하는 데 문제가 없을 만큼 돈을 벌 수 있다는 전제하에서만 그렇다. 지금 당장은 돈을 벌지 못해도 좋아하는 일을 열심히 하다 보면 언젠가 정말 돈이 따라올까? 그 일을 해서 성공하면 그렇게 될 것이다. 하지만 성공하지 못하면 경제적으로 매우 곤란한 삶을 살게 될 것이며 언젠가 그 좋아하는 일을 그만둘 것이다. 그리고 그때부터 돈이 되는 것이라면 아무 일이나 닥치는 대로 하면서 살 가능성이 크다. 그보다는 차라리 경제적으로 안정이 되고 난 뒤에 좋아하는 일을 찾아 하는 게 더 현명한 판단이라고 나는 생각한다. 세상에는 돈을 적게 벌더라도 좋아하는 일을 하라고 말하는 사람들은 많지만 좋아하는 일은 나중으로 미루고 지금은 우선 돈을 많이 벌라고 말하는 사람은 찾아보기 어렵다. 왜 그럴까? 그 이유를 내 마음대로 판단하자면, 마음속으로는 돈이 중요하다고 생각하면서도 그것을 겉으로 드러내 보이는 것은 천박하다는 선비정신 때문인 것 같다. 게다가 우리는 은연중에 많은 사람들, 특히 사회적인 영향력을 행사하는 사람들이 하는 말이 올바른 것이라고 단정한 채 살아가는 경향도 있다. 그런데 왜 꼭 그래야만 하는가라는 의문을 가져볼 필요가 있다. 사람에 따라 추구하는 바가 다를 수 있는 것이고 내 생각이 대부분 사람들의 생각과 다르더라도 꼭 내가 틀렸다고 볼 수만은 없는 것이다. 무엇이 올바른지에 대해 서로 가치관이 다른 것뿐이다. 오히려 내가 올바르고 다른 사람이 틀렸을 수도 있다.

최근 청년들의 멘토로서 맹활약하고 있는 안철수 교수와 박경철 원장은 많은 사람들이 선망하는 의사라는 직업을 버리고 자신이 진정으로 하고 싶은 일에 몰입해서 성공한 사람들이다. 나는 그 두 분의 삶에 대한 열정과 태도를 존경한다. 그런데 한편으로는 만약 그들이 지금처럼 사업가로서 또는 만능 프리랜서로서 성공하지 못해 곤궁한 삶을 살고 있다면 아마 다시 의사로 돌아가지 않을까 생각하게 된다. 그들은 목숨을 건 모험이 실패로 끝났을 때에도 살아날 수 있는 안전망, 즉 대안을 갖고 있다. 스티브 잡스, 빌 게이츠, 서태지처럼 학력을 무시하고 자신이 좋아하는 일에 청춘을 바쳐 성공한 사람도 있지만 만약 그들이 지금처럼 성공하지 못했다면 지금 어디서 무엇을 하며 살고 있을까? 나는 그것이 무척 궁금하다. 하지만 마음먹고 뒤져보면 그것을 짐작해보는 게 어려운 일은 아닐 것이다. 그들처럼 학력을 무시하고 좋아하는 일에 평생을 걸었지만 아직까지 빛을 못 본 사람들이 현재 어떻게 사는지 확인해보면 되기 때문이다. 상상하건대 그 모습이 그리 아름다울 것 같지는 않다. 세상을 살아가는 동안 돈을 떠나서 자신이 하고 싶은 일만 하면서 살 수 있다면 좋겠지만 평생 혼자 살 게 아니라면 그게 말처럼 쉬운 일이 아니다. 남성이든 여성이든 성인이 되고 나면 자신의 생계는 스스로 책임져야 하며 결혼을 하게 되면 경제적으로 책임져야 하는 가족이 생기기 때문이다.

앞서 밝혔듯 나는 돈보다 적성에 더 큰 가치를 두고 직업을 선택해야 한다고 생각한다. 아무리 돈을 많이 벌어도 하기 싫은 일을 매일 억지로 하고 산다면 돈의 노예와 다름없지 않겠는가? 다만 돈의 가치를 경시한 채 자신이 하고 싶은 일에 매달리는 것은 바람직하지 않다고 생각할 뿐이다. 또한 막연한 낙관주의자가 되어 좋아하는 일을 열심히 하면 돈은 당연히 따라올 것이라고 기대하지 마라. 당신의 유혹에 쉽게 넘어올 만큼 돈은 그렇게 순진하지 않다. 또한 세상만사 당신 마음대로 되는 일이 그리 많지도 않을 것이다. 따라서 지금 당장 돈을 벌지 못하더라도 자신이 정말 좋아하는 일에 청춘을 걸어보려고 한다면 최악의 상황에 대한 대안을 마련하기 위해 노력해야 할 것이다. 그리고 나는 욕심을 많이 부리지만 않는다면, 그렇게 큰 모험에 뛰어들지 않아도 돈과 적성, 두 마리 토끼를 다 잡을 수 있다고 생각한다. 때로 현재 내가 손에 가진 것을 포기할 수 있는 용기가 있다면, 그리고 새로운 것을 손에 넣고 싶은 열망이 있다면 그것은 분명히 가능한 일이다.

공무원 시험,
칠 것인가 말 것인가

한 케이블 방송에서 서바이벌 형식으로 치러진 가수 오디션 프로그램이 크게 히트한 뒤 각종 케이블 방송은 물론 공중파 방송에서도 유사한 오디션 프로그램이 범람하고 있다. 나도 가끔 시청하는데 젊다는 말보다 어리다는 말이 훨씬 더 잘 어울리는 참가자들의 노래 실력을 보고 있노라면 놀라움에 저절로 탄성이 나왔다. 때로는 몇몇 어린 친구들의 구구절절한 인생 사연을 듣고 눈물을 흘리기도 했다. 또한 그 치열한 경쟁에서 살아남기 위해 몸부림치는 그들의 열정과 도전 정신은 정말 높이 사줄 만하다. 하지만 한편으로는 씁쓸한 생각도 들었다. 우리나라에 저렇게 실력이 좋은 어린 친구들이 많은데 극심한 경쟁에서 살아남은 몇 사람만이 꿈을 이룰 수 있다는 사실 때문이었다. 경쟁에서 살아남은 몇 사람조차도 생존경쟁이 치열하기로는 둘째가라면 서러운 연예계에서 살아남기 위해 앞으로도 얼마나 심한 경쟁을 치르면서 살아가겠는가? 나는 서바이벌에 참여한 그들 모두가 언젠가 자신의 꿈을 이루고 즐겁게 살아가기를 바라는 마음이 크다.

사실 오디션에 참가한 그들만 서바이벌 게임을 벌이는 것은 아니다. 남녀노소 구분 없이 이 시대의 모든 세대가 현재 치열한 서바이벌 게임을 벌이는 중이다. 특히 20대 청년들이 벌이는 서바이벌 게임은 정말 피를 말릴 지경이다. 만약 당신이 1,997명을 물리쳐야만 살아남을 수 있는 서바이벌 게임 현장에 있다면 기분이 어떨 것 같은가? 그냥 재미 삼아 하는 게임이 아니라 정말 피를 튀겨가며 싸워서 살아남아야 하는 생존게임이라면 말이다. 만약 나라면 살아남는 단 한 명이 되기 보다는 한시라도 빨리 현장에서 벗어나고 싶을 것 같다.

2006년 중앙선거관리위원회에서 치러진 부산/울산/경남/제주 지역의 9급 공무원 시험 경쟁률이 1,997 대 1이었다. 일곱 명 모집에 약 1만 4,000명이 몰렸다고 한다. 전국 평균 경쟁률은 879 대 1이었다. 다른 분야의 공무원 시험도 경쟁률이 보통 100 대 1은 기

본인 것 같다. 일반 기업에 취업하기 어렵다 보니 지금 이 순간에
도 수십만 명의 청년이 공무원 시험을 보기 위해 고시원이나 독서
실에서 고3 수험생 못지않게 열심히 공부하고 있다. 20대 청년뿐
만 아니라 고용 불안에 시달리는 많은 회사원이 직장 생활과 공무
원 시험 준비를 병행하거나 아예 직장을 그만두고 시험 준비에 매
달리고 있는 현실이다.

나는 공무원 시험 준비를 해본 적이 없어서 잘 모르지만 공무원
시험을 준비하는 사람들은 학력이나 스펙에 상관없이 시험을 볼 수
있고 대체로 시험 성적에 의해 당락이 결정되기 때문에 일반 기업
의 취업 시험에 비하면 기회가 공평하면서도 객관적인 평가를 받는
다고 인식하는 것 같다.

사람들이 공무원 시험에 몰리는 가장 큰 이유는 무엇보다 직업
의 안정성 때문일 것이다. 급여는 민간 기업에 비해 상대적으로 적
은 편이지만 공무원이 되면 대체로 정년이 보장되기 때문에 고용
불안이 적다. 또한 퇴직 후 받는 공무원연금은 일반 기업에서 퇴직
한 뒤 받는 국민연금에 비해 상대적으로 금액이 많다. 실제로 공무
원이나 군인으로 장기간 근무하다가 퇴직한 사람 중에는 매달
200~300만 원의 연금을 받으며 살아가는 사람이 많다. 그래서 부
부가 함께 공무원 생활을 하다가 은퇴한 경우 우스갯소리로 중소기

업이라고 부르기도 한다. 두 사람이 매달 받는 연금을 합하면 그 액수가 상당하기 때문이다. 물론 공무원연금은 근무 기간과 퇴직 전에 받았던 급여 수준에 따라 지급액이 다르기 때문에 모든 공무원 퇴직자가 똑같이 200~300만 원의 연금을 받는 것은 아니다. 근무 기간이 짧거나 퇴직 전 받았던 급여가 적은 사람은 연금도 그만큼 적게 받는다. 또한 일반 기업에 다니다가 퇴직하면 근무 기간에 비례해서 퇴직금을 받지만 공무원은 퇴직수당이라는 것을 일부 받을 뿐, 연금을 받으면 별도의 퇴직금이 없기 때문에 공무원은 일반 회사원으로 치면 국민연금에 퇴직금을 얹어서 연금을 더 받는다고도 볼 수 있다. 따라서 흔히 생각하는 것처럼 공무원 퇴직자가 대단한 특혜를 누리는 것은 아니다.

하지만 어쨌든 공무원으로서 20~30년 이상 근무하다 퇴직한 사람들 중에는 큰 걱정 없이 노년을 보내는 사람들이 많은 게 사실이다. 최근 공무원연금 제도가 보험료는 많이 내고 연금은 적게 받는 형태로 바뀌었고 연금 수급 연령도 60세부터 받던 것이 65세부터 받는 것으로 바뀌었기 때문에 새로 임용되는 공무원은 혜택이 많이 줄었지만 그래도 여전히 국민연금보다는 나은 상황이다. 공무원과 군인 외에 대학교수나 사립학교 교직원 등도 마찬가지다. 그들이 공무원은 아니지만 일반 기업에 비해 고용이 안정적이고 퇴직 후에는 공무원연금에 준해서 사학연금이라는 것을 받기 때문에 공무원 못지않게 안정적인 직업이라고 볼 수 있다. 이런 몇 가지 점만 생각해도 돈보다는 직업의 안정성을 추구하는 사람이라면 공무원 시험에 한 번쯤 도전해볼 만한 가치가 충분히 있다.

다만 우리 사회에는 회사원은 치열하게 살지만 공무원은 게으르다는 식의 고정관념이 있다. 그런 식으로 직업의 특성을 구분하는 것 자체가 문제다. 일반 회사에 다니는 사람 중에도 시간 때우듯이 게으른 직장 생활을 하는 사람이 있는 반면 공무원 중에서도 사명감을 갖고 국가와 국민에게 봉사하며 조직과 자신의 발전을 위해 치열하게 직장 생활을 하는 사람도 많다. 실제로 요즘 공무원은 과거에 비하면 그리 편안한 직업도 아니라고 한다. 치열하게 사는가 게으르게 사는가는 한 개인의 삶에 대한 태도의 문제이지 직업의 특성으로 정의하는 것은 바람직하지 않다. 20대 청년들이 공무원 시험에 몰리는 것을 보며 요즘 젊은이들은 패기가 없다거나 편한 일만 하려고 한다며 비판하는 사람이 있지만 공무원 시험을 준비하기로 마음먹었다면 그런 식의 편견 섞인 말에는 신경 쓸 필요가 없다. 남이 내 인생을 대신 살아주지 않기 때문에 자신이 옳다고 판단한 길을 묵묵히 가면 된다.

대신 그전에 선택하려는 길이 정말 자신의 길인지를 충분히 고민해야 한다. 그것이 전제되지 않은 채 취업이 어렵다고 막연히 공무원 시험 준비나 해볼까 하는 생각으로 시작한다면 합격은 고사하고 허송세월이나 하게 될 가능성이 크다.

나와 맞는 일을 한다는 것

    간호학을 전공한 아내는 나와 비슷한 시기에 대학을 졸업한 뒤 모교의 부속 병원에서 간호사로 근무했다. 우리는 내가 제약회사에 근무하던 중 지인의 소개로 만났다. 당시 아내는 신경외과 중환자실에서 근무했는데 일이 너무 힘들다고 말하는 때가 자주 있었다. 의식이 없는 환자를 돌보는 것도 너무 힘들고 근무가 불규칙하게 3교대로 돌아가기 때문에 자기계발이나 취미 생활도 꾸준히 할 수가 없어서 답답하다고 했다. 체력도 약해서 수시로 밤과 낮이 바뀌는 생활에 적응하기 어렵다고 했다. 아내는 시간이 지날수록 이런 말을 자주 했고 급기야 너무 힘들다며 내 앞에서 울기까지 했다. 나는 그렇게 힘들면 그만두고 다른 일을 찾아보라고 권했다. 하지만 아내는 간호학을 전공한 자신이 간호사 말고 할 일이 무엇이 있냐며 병원을 그만둘 수는 없다고 했다. 부모님이 반대하실 것이라고도 말했다. 그러면 나는 보건교사가 되어볼 생각은 없냐고 물었다. 아내는 보건교사 임용고시를 준비해볼까도 생각해봤지만 그렇게 성공 확률이 낮은 시험을 보기 위해 다시 고3 때처럼 공부하고 싶지는 않다고 했다. 나와는 달리 초등학교부터 대학교까지 모범생으로 지냈던 아내는 감히 직장을 그만둔다거나 다른 일을 해보겠다는 생각을 좀처럼 하지 못했다. 간호대학을 다녔으니 당연히 졸업 후에는 간호사가 되어야 한다고 생각했고 간호사가 된 뒤에는 모범생처럼 성실히 그리고 오랫동안 병원에서 근무해야 한다고 생각했다. 나는 간호대학을 나왔다고 해서 꼭 간호사를 해야 하는 법은 없다고 말해주었다. 그리고 사람이 일상생활을 하면서 자는 시간을 빼고 가장 오랜 시간을 보내는 곳이 직장인데 적성에 너무 맞지 않는 일을 매일 그렇게 힘들게 하느니 차라리 그만두고 쉬면서 다른 일을 찾아보는 게 나을 것이라고 말했다. 당시 나도 직장 생활을 시작한 지 겨우 1년 남짓한 시기였기 때문에 세상 물정을 잘 몰랐지만 자신의 적성과 크게 어긋나는 일을 억지로 하면서 힘들게 살 필요는 없다고 생각했고, 아내에게 병원을 그만두라고 강하게 권유했다. 결국 아내는 여러 차례의 망설임 끝에 병원에 사표를 썼다. 그리고 어느 날 만난 아내의 가방에는 『임시직으로 승부하라』라는 책이 들어 있었다.

얼마 지나지 않아서 아내는 간호사 때 받던 급여의 절반에도 못 미치는 급여를 받으면서 모 종합병원의 감염관리센터에 임시직 연구원으로 취업했다. 연구기간이 끝나면 자리가 없어지는 말 그대로 임시직이었다. 그러면서 간호학 전공자를 채용하는 기업을 찾아보기 시작했다. 무엇이든 궁하면 눈에 띄는 법인 것 같다. 병원에 다닐 때는 보이지 않던 일자리가 병원을 그만두고 다른 일을 찾으려고 하니 눈에 띄기 시작했다. 하지만 그렇다고 쉽게 취업이 되지는 않았다. 여러 기업에 입사 지원서를 보냈지만 번번이 낙방했다. 그렇게 6개월 이상 구직 활동을 했던 아내는 간호사 경력자를 우대하는 모 기업의 마케팅 부서에 정식으로 취업했다. 유아용품을 만드는 기업이었는데 산부인과 병원의 간호사와 산모를 대상으로 마케팅을 하는 게 아내의 주된 업무였다. 입사가 결정된 날 활짝 웃던 아내의 모습이 아직도 눈에 선하다. 그리고 입사 후 아내는 그 일을 재미있게 했다.

아무리 좋은 직장에 다니더라도 자신의 적성과 크게 어긋난 일을 하게 되면 우스갯소리처럼 사는 게 사는 게 아니다. 잠자는 시간을 빼면 하루 중 가장 오랜 시간을 보내야 하는 곳이 직장인데 견디기 힘들만큼 하기 싫은 일을 하면서 사는 게 얼마나 힘든 일이겠는가? 여성은 상대적으로 부담이 적을 수 있지만 남성은 그렇게 힘들게 지내다가 결혼해 가장이 되고 아이를 낳게 되면 온갖 스트레스를 다 받으면서도, 부양 의무 때문에 그냥 팔자려니 생각하고 감수하며 지내는 경우가 흔하다. 따라서 지금 자신이 하고 있는 일이 적성에 너무 맞지 않아 하루에도 몇 번씩 때려치울까 하는 생각이 든다면 가급적 결혼하기 전에, 결혼했다면 자녀가 어릴 때 이직을 시도하거나 새로운 일에 도전해야 마음의 부담이 적을 것이다.

하지만 그렇더라도 어렵게 취업한 직장을 그만두고 다른 직장을 구하려 할 때는 매우 신중해야 한다. 내 경험상 직장 생활은 어디를 가나 특별히 별다른 게 없다. 남의 돈을 벌기가 쉽지 않기 때문에 어디를 가더라도 사람들이 느끼는 스트레스와 업무의 강도는 대체로 비슷하다. 또한 애써 이직했어도 또다시 같은 문제로 고민하는 사람들도 많다. 따라서 새로운 경험에 도전하거나 업종을 바꿀 게 아니라면 차라리 지금 다니는 직장에서 자신의 적성에 맞는 업무를 담당하기 위해 노력하는 편이 나을 수도 있다. 직장에 다니다 보면 다양한 부서가 있고 여러 업무가 분장되어 있기 때문에 당장 자신의 업무가 적성에 맞지 않더라도 다른 부서로 옮기거나 다른 업무를 맡게 되어 새로운 경험을 할 수 있는 기회가 있기 때문이다. 하지만 자신이 몸담고 있는 업종 자체가 적성에 너무 맞지 않거나 새로운 비전을 찾기 위해 도전하고 싶은 열망이 불탄다면 그때는 과감히 다른 업종으로 이직하거나 새로운 일에 도전해보는 것도 괜찮다. 그렇지 않으면 늘 미련이 남아 나중에 두고두고 후회하게 될지도 모른다.

새로운 직장에 잘 적응하며 지내던 아내는 나와 결혼할 때가 되자 또 한 번 중대한 결정을 내렸다. 사회생활에 대한 욕구가 높았던 아내는 결혼 후에도 오랫동안 직장 생활을 하고 싶어 했다. 그런데 결혼하고 아이를 낳아 키우다 보면 지금의 직장에는 오래 다니기가 어려울 것 같다고 말했다. 다른 회사로 옮긴다고 해도 상황은 크게 달라지지 않을 것으로 판단했다. 한동안 아내는 결혼 후에도 자신의 전공을 살려 오랫동안 할 수 있는 일이 무엇일까 고민했다. 그러던 어느 날 보건교사 임용고시에 도전해보겠다고 말했다. 보건교사가 되면 대학에서 배운 지식과 병원에서 일한 경험을 활용할 수 있고 무엇보다 일반 기업에 비해 장기간 근무하기에는 여건이 훨씬 더 좋을 것으로 판단했다. 나는 흔쾌히 아내의 결정에 동의했다. 전에는 성공 확률이 낮은 임용고시를 보기 위해 공부하고 싶지 않다던 아내가 자신의 미래를 멀리 내다보고 검토한 결과 시간을 투자할 만한 가치가 충분히 있다고 판단했던 것이다. 그 대신 아내는 2년만 열심히 해보고 안 되면 다른 진로를 찾겠다고 말했다.

아내는 결혼 후 곧 직장에 사표를 내고 임용고시 준비를 시작했다. 새벽같이 일어나 늦은 밤까지 고시 학원과 집 근처 독서실을 오가며 열심히 공부했다. 나도 밤마다 아내를 데리러 독서실을 오갔다. 당시 아내는 서울 노량진에 있는 임용고시 학원에 다니면서 공부했다. 그 때문에 나는 고시촌으로 유명한 노량진에 자주 왕래했다. 노량진 전철역 주변에는 수많은 각종 고시 학원이 겹겹이 줄을 서 있었다. 그리고 전국에서 모여든 수많은 고시생이 장사진을 이루고 있었다. 등에는 책가방을 매고 옆구리에는 독서대를 낀 채 횡단보도를 건너는 고시생, 길거리 노점 앞에 줄을 서서 식사하는 고시생, 추리닝 바람으로 모자를 눌러쓰고 어딘가를 향해 빠르게 걷는 고시생 등 남녀 구분 없이 비슷한 행색을 하고 있는 그들의 모습을 보면서 나는 이런 생각이 들었다.

'저 수많은 고시생 중 과연 몇 명이나 자신의 꿈을 이룰까?'

지금도 노량진에는 셀 수 없이 많은 고시생들이 북적이고 있다. 주로 공무원이나 교사가 되기를 꿈꾸며 공부하는 이들이 많다고 한다. 보통 100 대 1이 넘는 경쟁에서 이겨야 합격할 수 있는 시험을 보기 위해 그렇게 많은 사람들이 젊음을 불태우고 있다. 매일매일 긴장의 연속일 것이다. 시험 날짜가 다가오면 피가 마르는 듯한 스트레스를 받기도 할 것이다. 주머니 사정 때문에 좋은 식사도 제대로 못하면서 그렇게 체력을 소모하고 있을 것이다. 독자 중에 정말 공무원이나 교사가 되고 싶은 사람이 있다면, 나는 한번쯤 그렇게 목숨을 걸 듯 공부해보는 것도 괜찮다고 생각한다. 그 대신 기한을 정한 뒤 공부를 시작하라고 말해주고 싶다. 최선을 다해 공부하되 언제까지 합격을 못하면 그때는 자신의 길이 아니라고 판단하는 결단력도 필요하다. 고시에 합격하지 못했다고 인생에서 패자가 되는 것은 아니다. 자신의 길이 아닌 길을 포기하지 못하고 기약 없이 걷다 보면 본래의 자리로 되돌아오기 무척 두려워진다. 그러면 정말 패자처럼 인생을 살게 될지 모른다. 5년 이상 심지어 10년이 넘도록 노량진이나 신림동 고시촌을 빠져나오지 못하는 고시생도 꽤 많다고 들었다. 그들 중 누군가는 끝내 합격의 기쁨을 맛보겠지만 그보다 훨씬 더 많은 이들은 진퇴양난의 심정으로 이러지도 저러지도 못하는 처지가 될 것이다. 자신에게 운이 없다고 판단되면 다른 곳에서 운을 찾아야 한다.

혹시 당신이 그 수많은 고시생 중 한 사람이라면 다가오는 시험에서 꼭 합격해 꿈을 이루게 되기를 진심으로 바란다.

장사는 아무나 하나?

·

·

·

　대학에 다닐 때 야학교에서 함께 봉사 활동을 했던 선배의 소개로 남대문시장에서 액세서리 도매업을 하는 대학 동문 선배를 알게 됐다. 나보다 10학번 정도 높은 대선배였는데 여름방학에 그를 찾아가 액세서리 좌판을 해보고 싶은데 외상으로 물건을 줄 수 있냐고 물었다. 그는 흔쾌히 한번 해보라며 당시 유행했던 액세서리를 종류별로 손수 골라서 물건을 내주었다. 갖고 간 배낭에 물건을 정리해 넣고 돗자리를 하나 산 뒤 집으로 돌아왔다. 그리고 어디서 좌판을 벌일지 곰곰이 생각해보았다. 가급적 나를 알아보는 사람이 없을 만한 곳에서 장사하고 싶었다. 그러다가 예전에 몇 번 가

봤던 인천의 부평역이 떠올랐다. 인천에 연고가 없기 때문에 나를 알아볼 사람이 없을 것 같았고 사람들의 왕래도 많은 곳이니 장사 해보기에 괜찮을 것 같았다. 다음 날 일찍 전철을 타고 인천으로 향했다. 부평역에 도착한 뒤 주변을 둘러보다가 돗자리를 깔기에 괜찮은 장소를 발견했다. 그런데 돗자리를 펴기가 쉽지 않았다. 내 앞을 지나가는 사람들이 모두 나를 쳐다보고 이상한 놈이라고 중얼 거리는 것 같았다. 그 상황에서 돗자리를 펴고 장사할 용기가 나지 않았다. 결국 자리를 펴지 못하고 부평역 근처를 몇 시간 동안 배 회만 하다가 집으로 돌아왔다. 그리고 다음 날 다시 부평역으로 향 했다. 전날 보아둔 장소에 다시 서서 한참 동안 망설이다가 간신히 용기를 내 돗자리를 펴고 물건을 진열했다. 또다시 시간을 길바닥 에 버리고 돌아갈 수는 없는 노릇이었다.

그런데 이번에는 다른 문제가 생겼다. 창피한 마음에 도저히 얼 굴을 들 수가 없었다. 호객 행위를 해도 부족할 판에 고개를 숙이 고 땅바닥만 바라보고 있으니 장사가 될 리 없었다. 그렇게 한 시 간도 못 견디고 짐을 싼 뒤 집으로 돌아왔다. 다음 날 또 부평역으 로 향했다. 벌써 3일째였다. 이번에는 물건을 한 개라도 팔지 못하 면 집에 돌아오지 않겠다고 각오하며 집을 나섰다. 하지만 막상 부 평역에 도착해 돗자리를 펴고 나니 역시 고개를 들고 행인들의 얼굴을 쳐다볼 수가 없었다. 안 되겠다 싶어 신문을 사서 얼굴을 가리고 읽는 척했다. 그러던 중 드디어 한 아줌마가 내 앞에 쪼그리고 앉아 액세서리를 구경하기 시작했다. 잘하면 첫 매상을 올릴 수 있을지 모른다는 생각이 들었다. 하지만 나는 여전히 신문으로 얼굴을 가린 채 슬금슬금 그녀의 눈치만 보고 있었다. 가격이라도 물어보면 말을 좀 해볼 수 있을 것 같았지만 그녀는 잠시 그렇게 구경만 하다 가버렸다. 이후에도 몇 사람이 물건을 구경하고 갔지만 나는 말 한마디도 못 붙여보고 신문으로 얼굴을 가린 채 눈치만 살폈다. 그렇게 서너 시간쯤 지나자 신문을 펼쳐 든 팔이 너무 아팠다. 그리고 다리도 아팠다. 결국 못 견디고 또다시 짐을 싸고 말았다. 나는 그리 수줍음을 타는 성격이 아니었고 다양한 아르바이트 경험으로 사람을 상대하는 일에도 익숙한 편이었기 때문에 그 상황을 스스로 이해할 수 없었다. 길을 지나가다 좌판을 벌려 장사하는 사람들을 보면 나도 잘할 수 있을 것 같아서 시작한 일이었는데 실제로 해보려니 생각 같지 않았다. 결국 다른 아르바이트 일자리를 구하기로 마음먹고 선배에게 사정을 설명한 뒤 물건을 되돌려주었다. 그날 선배는 웃으며 이렇게 말했다.

"그래서 장사는 아무나 하는 게 아니다."

최근 청년들의 취업난이 장기간 계속되고 해결의 실마리를 찾기 힘들자 정치권에서 대안으로 내세운 게 청년 창업 지원이다. 언론과 대중에 목소리를 높이는 일부 기성세대도 몇몇 성공한 청년 사업가의 사례를 들며 젊은이들에게 도전정신을 갖고 스스로 실업 문제를 극복해보라고 조언한다. 재미있는 사실은 그렇게 조언하는 사람들은 대개 창업해본 경험이 없는 월급쟁이라는 점이다.

나는 20대 청년의 창업에 대해 회의적이다. 학생들은 중고등학교를 다니는 동안 입시 위주의 교육을 받고 대학에 가서는 학점과 취업에 필요한 스펙을 쌓기 위해 공부한다. 일부 실업계 고등학교는 학생들에게 창업교육을 병행하지만 그래도 취업과 입시 위주의 교육을 시키는 것에는 별 차이가 없다. 그러다가 졸업 후 취업이 어렵다고 갑자기 사업가로 돌변한다? 그래서 성공할 가능성이 얼마나 될까? 내가 보기에는 밥이나 굶지 않으면 다행이다.

연륜을 갖추고 사회경험이 많은 40~50대도 직장을 퇴직한 뒤 창업했다가 실패하거나 근근이 생계를 유지하는 사람들이 태반인데 이제껏 공부만 하고 사회경험을 충분히 해보지 못한 20대가 열정만 갖고 사업에 도전해 성공하기는 취업에 성공하기보다 훨씬 더 어렵다. 창업 후 실패하면 가진 돈을 까먹거나 그것도 모자라 빚을 지고 망하는 경우가 다반사다. 창업에 도전하라고 권유하는 사람들이 그 빚을 대신 갚아주지도 않는다. 물론 그만큼 위험 부담이 크기 때문에 성공하면 큰 열매를 딸 수 있겠지만, 성공할 가능성이 낮은 일에 충분한 사회 경험과 준비 없이 일찍 뛰어들 필요는 없다

간혹 언론을 통해 성공적으로 사업하고 있는 20대 CEO들을 보면 참 대단하다는 생각이 든다. 그들은 선천적이든 후천적이든 어느 정도 사업가적인 재능을 타고난 사람들일 것이다. 그렇지 않다면 그렇게 이른 나이에 성공적으로 사업을 해나가기는 어렵다고 생각한다. 재능은 꼭 타고나지 않더라도 장기간의 훈련을 통해 만들어지고 개발될 수 있겠지만 어느 날 갑자기 하늘에서 뚝 떨어지지 않는다. 그렇기 때문에 나는 어렵더라도 20대 때는 취업하는 데 전념하는 편이 낫다고 생각한다. 자신이 원하는 수준의 기업에 취업하기 어렵다면 눈높이를 낮추어서 취업하거나 그것도 어렵다면 비정규직, 임시직, 일용직 등의 일자리를 구해서라도 취업한 뒤 다음 기회를 노리는 게 창업하는 것보다는 더 나을 것이다. 그 과정에서 인생의 다양한 도전을 받게 될 것이고 크고 작은 성공과 실패를 맛보게 될 것이다. 그런 경험이 쌓여 인생의 밑천이 되고 훗날 창업의 밑천도 될 것이다.

월급쟁이는 회사에 큰 피해를 주지 않는 한 업무를 수행하는 과정에서 실수와 실패가 있더라도 수용이 된다. 하지만 자기 사업을 하게 되면 한두 번의 실수만으로도 밥줄이 끊어질 수 있다. 정말

창업에 관심이 있다면 먼저 기업이라는 울타리 내에서 다양한 경험을 하고 관심 사업 분야를 찾으면서 준비가 되었다고 판단될 때 뛰어들어도 늦지 않다. 창업은 해보겠다고 마음먹으면 아무 때나 할 수 있다. 물론 업종이나 아이템에 따라서는 창업 시기가 중요할 수 있지만 한두 번 기회를 놓친다고 기회가 영영 사라지는 것은 아니다. 하지만 취업에는 때가 있다. 20대에 취업을 못하고 30대 초반이 넘어가면 그때는 정말 제대로 된 직장에 취업하기 어려워진다. 그리고 20대는 한번 지나면 영영 사라져버린다. 또한 20대 때 마음에 들지 않는 회사에서 좋은 대우를 받지 못하고 근무하더라도 경력을 쌓고 능력을 인정받으면 경력직 사원으로서 더 좋은 회사로 이직할 기회를 얻을 수 있다. 실제로 경력사원의 채용시장은 신입사원의 채용시장에 비하면 바늘구멍이 싱딩히 넓다. 창업에 뜻을 품고 일찍부터 준비해왔다면 모르겠지만 취업이 어렵다고 그 대안으로 막연히 창업을 생각하는 것은 매우 신중해야 한다.

실패는 그냥 실패다

세상에는 실패를 딛고 성공했다는 사람들이 많다. 그리고 그들이 밟고 선 화려한 시상대 뒤에는 그들보다 훨씬 더 많은 실패자들이 격한 전투에서 겨우 목숨만 부지한 패잔병처럼 온몸에 부상을 입고 쓰러져 있다. 국가가 나서서 그들이 재기할 수 있도록 적극적으로 돕지도 않는다.

발명왕 에디슨은 전구를 발명할 때 2,999번의 실험에 실패했고 3,000번째 실험에서 결국 성공해 전구를 발명할 수 있었다고 한다(실제로 에디슨이 몇 번의 실험을 했는지는 여러 설이 있다). 후대의 사람들은 흔히 그의 이런 사례를 들어 '실패는 성공의 어머니'라고 말한다. 실패를 하더라도 좌절하거나 낙담하지 말고 성공을 위한 과정으로 생각하라는 것이다. 그리고 성공하고 싶다면 실패를 두려워하지 말고 도전해보라고 말한다. 그런데 잠시 생각해보자. 에디슨이 전구를 발명하기 전에 했던 2,999번의 실험이 실패인가 아니면 시행착오인가?

시행착오란 어떤 일을 하는 과정에서 생기는 크고 작은 실수와 실패를 말한다. 우리는 시행착오를 통해 다양한 정보를 얻고 경험적인 지식을 습득함으로써 특정한 목표에 접근해갈 수 있다. 따라서 시행착오는 목표를 달성하거나 성공에 이르는 매우 중요한 과정이지만 그것은 사람들이 흔히 말하는 실패와는 차원이 다른 것이다. 내가 보기에 에디슨은 적어도 전구를 발명하는 과정에서 실패를 경험한 적이 없다. 무수히 낳은 시행착오를 기쳐 성공에 이른 것이다. 따라서 그의 전구 실험에 관한 비유는 차라리 '시행착오는 성공의 어머니다'라는 말로 표현하는 게 맞다. 그렇다면 실패란 무엇인가? 이렇게 한번 생각해보자.

에디슨은 전구를 발명하기 위해 2,999번의 시행착오를 거친 끝에 3,000번째 실험에 성공해 드디어 전구를 발명했다. 너무 감격스러워 눈물이 앞을 가렸다. 그동안 힘들었던 시간도 다 잊을 수 있을 것 같았다. 그런데 문제가 생겼다. 발명 기간이 길어지면서 처음 예상했던 것보다 훨씬 더 많은 연구 개발비가 지출되는 바람에 연구소의 자금 사정이 매우 안 좋아졌다. 이미 몇 달 전부터 은행의 대출 이자 지불을 연체하기 시작해 독촉을 받고 있는 상황이었다. 빚 독촉에 시달리다 못한 에디슨은 며칠 전 은행의 대출 담당자를 찾아가 이제 곧 전구를 발명하면 밀린 이자와 연체 수수료를 다 갚을 것이니 조금만 기다려달라며 통사정하고 돌아왔다. 하지만 문제는 다른 곳에서 터졌다. 실험 재료를 공급받았던 거래처에서 만기가 되어 돌아온 어음을 결제하지 못해 부도를 내고 만 것이다. 이후 다른 거래처에 발행해주었던 어음도 막지 못해 줄줄이 부도를 냈다. 결국 연구소의 건물과 부지, 실험장비 그리고 그가 살던 집까지 전부 은행과 채권자들의 손에 넘어가 경매 처분되고 말았다. 그는 졸지에 길거리로 나앉았지만 결코 좌절하지 않았다. 이미 전구를 발명했기 때문에 특허를 받고 다시 투자를 유치하면 사업에 재기할 수 있을 것이라고 믿었다. 그런데 얼마 후 한 대기업에서 세상에 개벽과도 같은 혁신을 가져올 신제품을 개발했다며 그가 발명했던 전구와 유사한 제품을 내놓고 화려한 론칭 행사를 열었다. 알고 보니 연구소에서 동고동락했던 연구원 중 하나가 그 대기업에 고액의 연봉을 받고 스카우트되어 근무하고 있었다. 에디슨은 그가 자신의 기술을 대기업에 넘겼을 것이라고 확신하며 분노

했다. 그래서 에디슨은 매일 아침 눈을 뜨면 대기업 본사 앞에 가서 기술을 도둑맞았다며 피켓을 들고 1인 시위를 벌였다. 하지만 아무도 그에게 관심을 가지지 않았다.

에디슨은 수많은 시행착오를 거쳐 전구를 발명했지만 사업에는 실패하고 말았다. 다소 지나친 비유일지 몰라도 내가 말하고자 하는 시행착오와 실패의 차이란 이런 것이다. 이후 실패한 발명왕 에디슨의 삶은 어떻게 되었을까? 나는 그가 실패를 딛고 사업에 재기해 성공했기를 바란다. 그런데 설령 그가 재기에 성공했더라도 그가 경험한 실패와 성공이 서로 무슨 관계가 있을까? 다시 말하면 과연 그가 경영난에 처해 부도를 내고 망했던 경험이 이후 그에게 성공의 어머니 노릇을 해줄 수 있었을까? 나는 실패의 경험이 에디슨으로 하여금 이를 악물게 했을지는 몰라도 그가 재기해 성공하는 데 직접적으로 기여했을 것이라고는 생각하지 않는다. 실패는 그냥 실패일 뿐이다.

인생을 살아가면서 다양한 경험에 도전하고 시행착오라고 불릴 수 있는 정도의 실수와 실패를 경험하는 것은 인생의 꿈과 목표를 이루는 데 반드시 필요한 과정이다. 하지만 그 이상의 실패는 두려워해야 한다고 생각한다. 실패를 두려워하지 말고 도전하라는 말은 인생을 모 아니면 도에 걸고 베팅하라는 것과 똑같다. 특히 실패했을 때 자신의 인생을 위험에 빠뜨릴 수 있는 일에는 충분한 준비를 하지 못했다면 함부로 도전하지 말아야 한다. 꿈을 이루기 위해서 또는 가치 있는 인생을 살기 위해서 꼭 모험할 필요는 없다. 또한 크게 성공하지 않더라도 행복하게 살 길은 분명히 있다. 젊음을 무기로 일단 저지르고 보라는 식의 말에 휘둘리지 말아야 한다. 성공을 위해 쓰디쓴 실패를 꼭 몇 번쯤 경험해야 하는 것으로 생각할 필요도 없다. 또한 스스로 실패를 미화하며 감상에 젖지 말아야 한다. 실패는 결코 성공의 어머니가 아니기 때문이다.

보물은 스스로
모습을 드러낼 것이다

·

·

·

나는 한때 음악에 심취했던 적이 있다. 고등학교에 다닐 때 방학을 이용해 음악학원에 다니며 기타를 배웠고 대학에 가서는 성당에서 성가대 활동을 하면서 친구들과 모여서 기타를 치고 노래 부르는 일을 매우 좋아했다. 일렉기타, 베이스기타, 드럼 등 여러 악기를 조금씩 다뤘고 노래도 제법 한다는 소리를 들었다. 내가 좋아했던 장르는 록 음악이었다. 그중에서도 헤비메탈 음악을 좋아했다. 잠깐이었지만 머리카락을 어깨까지 기르고 록밴드에서 베이스기타 연주자로 활동하기도 했다. 한번은 모 대학의 강당에서 여러 밴드와 함께 합동 공연을 할 기회가 있었다. 공연을 앞두고 연주할 곡들을 열심히 연습했다. 그중 나의 실력으로는 상당히 연주하기 어려운 곡이 하나 있었는데 일주일 넘게 손가락이 부르트도록 연습해서 겨우 완주할 수준이 됐다. 그럼에도 연주할 때마다 실수를 반복했다.

당시 연습실을 함께 썼던 다른 밴드의 일렉기타 연주자가 있었다. 직업으로 연주 활동을 했던 그는 언더그라운드 록밴드 사이에서 실력이 좋기로 유명했다. 어느 날 그는 나를 보더니 무슨 곡을 그렇게 열심히 연습하냐고 물었다. 그리고 내 옆에 앉아 악보를 보더니 '이 곡 나도 되게 좋아하는데'라고 말하며 내가 들고 있던 베이스기타를 잠시 빌려달라고 했다. 베이스기타를 넘겨주자 그는 악보를 잠시 훑어보더니 둥둥거리며 능숙하게 그 곡을 연주했다. 나는 그에게 전에 그 곡을 연주해본 적이 있냐고 물었다. 그는 좋아하는 곡이기 때문에 일렉기타로는 많이 연주했지만 베이스기타로는 연주해본 적이 없다고 말했다. 그런데 어떻게 그렇게 연주를 잘할 수 있느냐고 묻자 그는 이렇게 말했다.

"곡을 잘 아니까요."

그 곡은 그만 잘 아는 게 아니라 나도 잘 알고 있었다. 이어폰을 귀에 꽂고 백 번은 넘게 들어봤을 것이다. 그는 베이스기타 연주자가 아닌 일렉기타 연주자였음에도 내가 일주일 넘게 손가락이 부르트도록 연습해서 겨우 완주할 수 있었던 곡을 잠시 악보를 보더니 쉽게 연주해버렸다. 그때 나는 '재능이라는 게 바로 이런 거구나!'라고 생각했다. 그날 이후 나는 연주 활동에 대해 전처럼 흥미를 느끼지 못했다. 그리고 공연을 마친 뒤 얼마 후 꽁지를 묶고 다녔던 긴 머리카락을 짧게 잘랐고 밴드 활동도 그만두었다.

나는 자신에게 재능이 없는 일을 열심히 노력만해서 성공하기는 어렵다고 생각한다. 이는 물이 없는 곳에서 열심히 우물을 파는 격이다. 포기하지 않고 오기와 인내로 땅을 계속 파 내려가도 물은 절대로 솟아나지 않는다. 따라서 자신에게 재능이 없다고 판단되는 일에는 목숨을 걸지 말아야 한다. 그런 일은 차라리 빨리 포기하는 게 상책이다. 특정 분야에서 성공하려면 우선 그 분야에 재능이 있어야 하고 그 일이 적성에 맞아야 한다. 또한 잘히기 위해 노력해야 하며 운도 따라줘야 한다. 문제는 자신이 어떤 분야에 재능이 있는지 찾기 쉽지 않다는 점이다. 재능을 발견하더라도 그 일이 적성에 맞지 않고 좋아하지 않으면 역시 성공하기 어렵다. 그래서 경험이라는 게 중요하다. 어떤 일이든 경험해보지 않고서는 그 일에 재능이 있는지 그리고 적성에 맞고 좋아하는 일인지 판단하기가 어렵기 때문이다.

자신의 재능과 적성을 찾기 위한 노력은 어려서부터 시작하는 게 좋겠지만 중고등학교 때까지는 입시공부에 치이고 대학에 입학한 뒤에는 바늘구멍과도 같은 취업의 관문을 통과하기 위해 신입생 때부터 학점 관리와 스펙 쌓기에 매달려야 하는 게 현실이다. 그렇기 때문에 사회에 진출하기 전에 다양한 경험을 통해 자신의 재능과 적성을 발견하고 진로를 결정하기란 말처럼 쉽지 않다. 이러한 현실에서 자신의 재능과 적성을 일찍 발견하고 개발할 수 있다면 더할 나위 없이 좋겠지만 그렇지 못하다고 해서 크게 실망할 것까지는 없다. 나 역시 내가 어떤 일에 재능과 적성이 있고 어떤 일을 좋아하는지 알지 못한 채 대학을 졸업했다. 나뿐만 아니라 내 친구들도 대부분 똑같았다. 사실 우리나라의 교육 시스템과 취업 환경에서 그게 정상 아닌가?

나는 지금 세 번째 책을 쓰고 있다. 탈고한 뒤 나 자신이 마음에 들지 않아 출판하지 않은 원고를 포함하면 네 번째 책이다. 그런데 나에게 내가 가진 지식과 경험을 글로 풀어낼 수 있는 재능이 조금이나마 있다는 사실을 알게 된 건 겨우 5년 전의 일이다. 또한 나는 여러 기업에서 강연하고 있는데 내가 사람들 앞에 서서 마이크를 잡고 내 지식과 경험을 전달하는 데 약간의 재능이 있다는 사실을 알게 된 것도 7~8년 정도밖에 되지 않았다. 나는 글을 쓰고 강연하는 일을 좋아한다. 적성에 맞는다는 뜻이다. 그러다 보니 열심히 하고 즐기면서 한다. 그리고 운도 따라주었다. 나는 대학을 졸업한 뒤 내가 어떤 일을 잘할 수 있는지 그리고 어떤 일을 할 때 즐거운지 찾기 위해 다양한 일에 도전했고 30대에 그것을 찾을 수 있었다. 그렇다고 내가 실패를 두려워하지 않고 모험과도 같은 일에 도전했던 적은 없다. 나는 안전그물이 설치가 안 된 공중그네를 탈 수 있을 만큼 대범한 인물이 못 되기 때문에 늘 실패를 두려워했다. 그래서 여러 번 이직하긴 했어도 직장이라는 테두리를 벗어났던 적은 없다. 나는 자신의 재능을 찾는 데 늦은 때는 없다고 생각한다. 따라서 만약 지금 당신이 재능과 적성을 찾지 못해 고민하고 있다면 고민과 노력을 멈추지는 말되 너무 걱정하지는 말기 바란다. 앞으로도 기회는 계속 있을 것이다. 20대에도 기회가 있고 30대에도 분명히 기회가 있다. 30대 이후에도 기회는 계속 있을 것이다.

당신만의 보물찾기를 포기하지만 않는다면 언젠가 그 보물은 당신 앞에 스스로 모습을 드러낼 것이다.

결국은 사람,
그리고 사랑이다

힘들고 외로울 때 곁에 있는
친구가 진짜 친구다

살다 보면 가끔 외롭다고 느낄 때가 있다. 그때마다 나의 곁에 있는 아내와 딸의 소중함을 새삼 깨닫는다. 그리고 얼굴을 본 지 오래된 친구들이 떠오른다. 사실 내 주변에는 친구와 지인 들이 많기는 하지만 나의 속을 다 꺼내놓고 보여줄 수 있을 만한 친구는 몇 명 안 된다. 중고등학교 때 사귀었던 친한 친구들은 서로가 성장하는 모습을 보면서 어른이 되었기 때문에 서로의 성격과 장단점은 물론 웬만한 집안 사정까지 속속들이 잘 알고 있다. 그 친구들은 아마 평생 동안 함께할 것이다. 그 외에 내가 20대 때 만난 두 친구가 있다.

나는 대학에 다닐 때 휴학을 두 번 했기 때문에 동기보다는 후배와 함께 보낸 시간이 더 길었다. 그래서 친하게 지냈던 친구도 동기보다는 후배가 더 많았다. 그중에 나보다 두 학번 아래인 후배가 한 명 있다. 그는 재수를 했고 나는 일곱 살부터 초등학교에 다녔기 때문에 나이는 동갑이다. 그래서 서로 부르기는 형, 아우 했지만 실제로는 친구처럼 지냈다. 시골에서 올라와 자취했던 그에게 종종 잠자리 신세를 졌고 돈을 빌려 쓰기도 했다. 우리는 수업을 함께 들으며 노트와 과제물을 서로 공유했고 도서관에서도 함께 공부했다. 그는 내가 아르바이트를 했던 곳에 일부러 찾아와 밥을 먹고 가기도 했다. 나는 학기 중에 학생처 취업과의 알선을 받아 중학생 과외를 했던 적이 있는데 나를 좋게 본 학생의 어머니가 이웃 어머니들에게 나를 소개해서 과외자리가 늘어났던 적이 있다. 그중 한 자리를 그에게 주기도 했다. 우리는 그 외에도 일상의 많은 부분을 서로 공유하며 지냈다. 졸업 후 나는 바로 취업했고 그는 대학원에 진학해 석사학위를 받은 뒤 대전에 있는 모 국책연구소에 취업했다. 그리고 얼마 후 결혼했다. 내가 총각일 때, 어느 비가 오던 토요일에 나는 갑자기 그가 보고 싶어져 전화를 건 뒤 열차를 타고 대전으로 향했던 적이 있다. 그의 아내는 내가 온다고 서둘러 장을 본 뒤 풍성한 저녁식사를 차려주었다. 그와 함께 밥을 맛있게 먹고 맥주를 마시며 이런저런 이야기를 나누다가 밤늦게 다시 서울로 올라왔다. 내가 결혼한 뒤에도 1년에 한 번 정도는 그의 가족을 보기 위해 대전을 오간다. 지금도 가끔 별 이유 없이 문득 그가 떠오를 때가 있다. 그때마다 문자메시지를 보내거나 전화를 걸어 안부를 묻는다. 멀리 있기 때문에 서로 얼굴을 마주할 기회가 많지는 않지만 그렇게 그는 나의 마음 깊은 곳에 소중한 친구로서 자리 잡고 있다.

또 다른 친구는 첫 직장에서 만났다. 나보다 2년 먼저 입사한 선배였는데 그는 군 면제를 받아 일찍 취업했고 나이는 나와 동갑이다. 그는 취업 후 바로 결혼했고 아이도 있어서 그런지 몰라도 나보다는 어른스러운 면이 있었다. 한동안 그는 신입사원이었던 나를 데리고 다니며 트레이닝을 시켰다. 그리고 얼마 후 다른 회사로 이직했다. 나는 사람들과 쉽게 친해지는 스타일이 아니고 친해지기까지 시간이 오래 걸린다. 또한 주변 사람들에게 친절한 편이기는 하지만 다정하거나 친근하게 대하지는 못한다. 사교적이지도 못하다. 그래서인지 나를 오래 알고 지낸 사람도 나를 대하는 데 조금 어려워하는 경향이 있다. 그런데 그와 함께 보낸 시간은 두 달 정도에 지나지 않았지만 가까운 사이가 되었고 그가 이직한 뒤에도 계속 연락하고 지냈다. 그는 내가 결혼할 때 결혼식 사회를 봐주었고 신혼여행을 떠나는 우리 부부를 자신의 차로 공항까지 데려다주기도 했다. 예전이나 지금이나 그는 늘 나에게 무언가를 주려고 한다. 그동안 그에게서 크고 작은 선물을 자주 받았다. 아내는 이런 나에게 밤낮 받기만 하고 주지는 않는다고 뭐라고 한다. 사실 나는 선물을 주고받는 것에도 익숙하지 않다. 아내에게도 자발적으로 선물을 해본 적이 거의 없다. 연애할 때도 그랬고 지금도 생일이나 결혼기념일 등 무슨 날이 되어도 선물할 궁리를 하지 않는다. 갖고 싶은 게 있으면 사주고 아니면 말고 식이다. 내 생일에도 아내에게 쓸데없이 선물 같은 것을 사지 말라고 말한다. 그 친구는 이렇게 무뚝뚝한 나의 어떤 점이 좋았을까? 그를 알게 된 지 벌써 10년이 넘었고 지금도 그는 내가 가장 자주 연락하고 가장 자주 얼굴을 보는 친구다. 아내도 그를 무척 좋아한다.

세상을 살면서 그리고 나이가 들어가면서 친구가 무척 중요하다는 생각을 자주 하게 된다. 그리고 남녀 간에 인연이 있듯이 친구 사이에도 인연이 있는 것 같다고 생각한다. 어떤 친구는 아무리 오래전부터 알고 지냈어도 그냥 그런 지인처럼 지내지만 어떤 친구는 한두 번 본 사이라도 어쩌다 다시 만나게 되면 무척 반갑고 할 얘기도 많은 경우가 있다. 그런 것을 보면 친구가 양적으로 많은 게 중요한 것 같지는 않다. 사회에 나오면 회사 친구, 술친구, 당구 친구, 골프 친구, 업무 관계로 알게 된 친구 등 다양한 부류의 친구와 지인 들을 새로 사귀게 된다. 하지만 그들과의 연결 고리가 되었던 특정한 관계를 떠나서 보면 그냥 알고 지내는 지인이 될 뿐이다. 정말 친구라고 말할 수 있는 친구는 내가 힘들고 외로울 때 떠오르는 친구가 아닌가. 그런 때 그의 목소리라도 한번 듣게 되면 위로가 되고 기운이 난다. 나에게 기쁜 일이 있을 때도 그에게 가장 먼저 알리고 싶어진다. 역시 그가 힘들 때 그리고 그에게 기쁜 일이 있을 때 나도 그의 입장이 되어 위로해주고 함께 기뻐한다.

혹시 당신에게도 그런 친구가 있는가? 그렇다면 당신은 나처럼 운이 좋은 사람이다. 만약 그런 친구가 아직 없다면 누군가에게 먼저 그런 친구가 되어주어라. 그러면 그도 당신에게 똑같은 친구가 되어줄 것이다.

내 곁에 있는 이를 챙기자

.

.

.

　살다보면 친구, 지인, 직장 동료, 상사 등 사람 때문에 상처 받는 일이 생긴다. 심지어 전혀 알지 못하는 사람에게 무시당하거나 비난을 받아 상처가 생기는 일도 종종 경험하게 된다. 사람에게서 받는 상처는 칼에 베인 상처만큼이나 아프기 때문에 대부분의 사람은 그런 일을 겪으면 가슴 아파하거나 분노한다. 그리고 그 사실을 오랫동안 잊지 못한다. 하지만 자신이 다른 사람에게 준 상처는 쉽게 잊으며 상처 준 사실조차 깨닫지 못하는 경우가 많다. 다른 사람에게 상처 주는 일이 잦으면 자신도 모르는 사이에 주변 사람이 하나둘 곁에서 떠나간다. 그러면 언젠가 고독만이 유일한 친구로 남게 될 것이다.

　제약회사에 다닐 때 나보다 1년 늦게 입사한 직장 후배가 있었다. 그는 입사 직후부터 나를 잘 따랐고 공공연히 내가 자신의 멘토라는 말을 하고 다녔다. 나도 당연히 그가 마음에 들어 업무에 대해 많이 가르쳐주었고 사적으로도 형처럼 잘 챙겨주었다. 내가 보험 영업을 시작했을 때 그는 가장 먼저 내 고객이 되어주었고 친구와 지인도 여럿 소개해주었다. 그러던 어느 날 내가 그에게 상처를 주는 일이 생겼다. 나로서는 그럴 의도가 전혀 없었지만 어쩔 수 없는 상황으로 일이 생겼는데 그것이 그에게 상처가 되었던 것이다. 내가 아무리 해명하더라도 이는 나의 사정일 뿐, 그의 입장에서 생각해보면 구차한 변명으로 들릴 게 뻔했다. 그래서 나는 미안하다는 말 외에 그에게 다른 말을 할 수가 없었다. 당연히 그와의 관계는 소원해졌고 그는 내 전화도 받지 않을 만큼 나를 멀리했다. 이후 아주 오랫동안 나는 그 후배가 생각날 때마다 늘 마음이 편치 않아서 어떻게든 관계를 회복하고 싶었다. 그는 결혼할 때에도 나를 초대하지 않았다. 하지만 나는 다른 사람을 통해 그의 결혼 소식을 듣고 결혼식장에 찾아가 축복해주었다. 그의 어머니가 돌아가셨을 때에도 역시 내게 연락하지 않았지만 이번에도 나는 다른 사람을 통해 소식을 듣고 장례식장에 찾아가 위로했다. 그렇게 그와의 소원한 관계가 10년 가까이 지속됐다.

그런데 얼마 전 그가 내게 연락해왔다. 그리고 회사에서 해외로 발령이 나서 곧 출국할 예정인데 그 전에 나와 상의하고 싶은 문제가 있다고 말했다. 나는 그의 전화를 받고 무척 기뻤다. 이제 그가 나에게 다시 마음을 조금 열어준다고 생각했기 때문이다. 그는 출국하기 일주일 전 나를 찾아와 몇 가지 문제에 관해 상의했고 함께 저녁식사를 한 뒤 헤어졌다. 다음에 그를 다시 보게 될 때는 한결 가벼운 마음으로 대할 수 있을 것이다. 사실 그 후배 외에도 나로 인해 상처 받은 사람들이 더 있다. 시간이 지나면서 그들의 상처가 많이 아물었을지 모르지만 그렇다고 나와의 관계가 자연히 회복되는 것은 아니다. 그들이 나에게 다시 마음을 열어주고 예전처럼 좋은 관계로 지내려면 아직도 시간이 많이 필요할 것이다.

많은 사람이 성공하려면 인맥이 중요하다고 말한다. 폭넓고 다양한 인맥을 갖출수록 성공의 기회가 많아진다는 것이다. 심지어 인간관계를 맺거나 인맥을 관리할 때도 목표와 전략이 있어야 한다고 주장하는 사람도 있다. 이는 이해관계를 인간관계의 출발점으로 바라보기 때문에 하는 말일 것이다. 나는 인간관계가 넓지 않고 인맥을 관리하는 데도 젬병 수준이다. 그래서 내가 아직 성공하지 못한 것인지 모르지만 지금까지 나는 별문제 없이 잘 살아왔기 때문에 폭넓고 다양한 인맥이 성공을 위해 정말 그렇게 중요한 것인지는 잘 모르겠다. 사람에 대한 순수한 관심이 결여된 채 이해관계가 우선되어 맺어진 인간관계는 내가 상대에게 더 이상 줄 게 없거나 상대가 나로부터 더 이상 얻을 게 없다면 그것으로 끝나버리는 공허한 관계일 뿐이다. 사회생활을 오래 하다 보면 애써 노력하지 않더라도 인간관계는 자연히 넓어지고 다양한 인맥이 생긴다. 그렇기 때문에 만약 인맥이 정말 그렇게 중요한 것이라면 평생 살아가는 동안 자연히 형성되는 인맥만 잘 관리해도 성공하는 데 문제가 없을 것이다. 그리고 평소 인맥을 잘 관리하기 위해 사람들과 자주 연락하고 어울려야만 하는 것은 아니다. 사람들에게 신뢰감을 주는 것만으로도 충분하다. 상대가 내게 신뢰감을 갖고 있다면 설령 10년 동안 연락 한 번 안 하고 지냈던 사이라도 필요한 경우 도움을 청할 수 있고 나 역시 상대를 신뢰한다면 그가 도움을 청할 때 흔쾌히 도울 수 있다.

그리고 좋은 인간관계를 유지하기 위해서는 무엇보다 주변 사람에게 상처를 주지 않도록 주의해야 한다. 내가 무심코 한 말과 행동이 어떤 사람에게는 상처가 될 수 있으며 나로 인해 상처 받은 사람은 내 곁을 떠나버린다. 그리고 심한 경우 적이 되어 나를 괴롭힐 수도 한다. 특히 나보다 못나 보이거나 가진 게 없어 보인다고 사람을 무시하지 않도록 주의해야 한다. 사람은 무시를 당할 때 자존감에 직접적인 해를 입기 때문에 상처를 가장 크게 받는다. 그리고 내가 상처를 받지 않는 것도 중요하다. 만약 다른 사람이 내게 상처를 주었다면 상대에게 그 사실을 알리고 사과를 받거나 그게 어렵다면 해명이라도 받아내야 한다. 그렇지 않으면 내 마음은 병이 든다. 만약 그가 사과하지 않거나 적어도 해명하지 않고 나에게 상처를 반복해서 준다면 그런 사람과는 인간관계를 정리하는 게 이롭다. 그렇지 않으면 그로 인해 나만 계속 상처를 받고 분노하게 된다. 물론 사회생활을 하다보면 할 수 없이 그런 사람과도 매일 얼굴을 마주해야 하는 경우가 많지만 공적인 관계 이상으로 최대한 신경을 쓰지 않도록 노력하면 눈에 띄지 않게 그에게서 멀어질 수 있다. 사람과의 상처는 서로 주고받지 않도록 주의하는 게 내 곁에 좋은 사람이 오랫동안 머물게 하는 가장 좋은 방법인 것 같다.

사랑의 상처도
아물게 마련이다

군 복무 중 짧은 휴가를 나와서 지인의 소개로 동갑내기 여대생을 만났다. 군 입대 전 잠깐 사귀었던 여자 친구와 헤어진 뒤 몇 년 만에 처음 만나본 여인이었다. 그녀는 한복을 입으면 잘 어울릴 것 같은 동양미가 풍겼다. 나는 그녀가 마음에 들었고 그녀도 내가 마음에 드는 눈치였다. 차를 마신 뒤 영화를 보고 저녁식사도 함께 한 뒤 헤어졌다. 다음 날 부대에 복귀하는 길에 공중전화 부스에서 떨리는 마음으로 그녀의 집에 전화를 걸었다. 그때는 휴대폰이 대중화되기 전이었기 때문에 집전화와 공중전화 그리고 삐삐라고 불리는 무선호출기가 주된 통신 수단이었다. 전화를 받은 사람은 그녀의 어머니 같았다. 소심한 마음에 그냥 끊을까 하다가 용기를 내어 그녀를 바꿔달라고 말했다. 그리고 반가운 목소리로 전화를 받아 든 그녀와 한참 동안 이런저런 이야기를 나누었고 다음에 다시 만나기로 약속했다. 그렇게 군대에 있는 동안 전화와 편지로 대화를 나눴고 휴가 때는 만나서 데이트했다. 그녀가 부대에 면회를 오기도 했다. 어느덧 나는 말년 병장이 되었고 그녀는 대학을 졸업한 뒤 취업했다.

제대 후에도 만남은 계속됐다. 나의 주머니 사정이 안 좋았기 때문에 데이트 비용은 늘 그녀가 부담했다. 미안했지만 어쩔 수 없었다. 그녀는 나에게 미안해하지 말고 신경 쓰지도 말라고 했다. 그런 그녀가 고마웠다. 그런데 그렇게 1년쯤 지나자 그녀는 나와 언제까지 사귈 수 있을지 모르겠다고 말하기 시작했다. 내 집안 사정도 그렇고 내가 언제 대학을 졸업할지도 모르는데 계속 사귈 자신이 없다는 것이었다. 그때부터 그녀와 만나면 말다툼을 자주 하게 됐다. 그러다가 결국 그녀에게서 이별 통보를 받았다. 나는 그녀의 입장을 이해했지만 그날 너무 화가 나서 앉은 자리를 박차고 일어나 뒤도 안 돌아보고 집으로 향했다. 시험 기간 중이었기 때문에 경황이 없어서 어떻게 그 상황에 대처해야 할지 판단도 서지 않았다.

시험 기간이 끝난 날 나는 그녀가 퇴근할 시간에 맞추어 그녀의 회사 근처 커피숍에 자리를 잡고 앉았다. 그리고 삐삐로 호출했다. 그녀가 전화를 해왔지만 커피숍 점원이 바꿔준 수화기 너머의 주인공이 나인 것을 알고는 아무 말 없이 그냥 끊어버렸다. 순간 화가 나서 그녀의 회사로 달려갈까 하다가 차마 그렇게 하지는 못했다. 그래서 그녀의 회사로 전화를 걸었다. 그런데 하필이면 그날 그녀가 휴가라서 출근하지 않았다고 했다. 하는 수 없이 나는 다시 그녀에게 호출을 하고 음성 메시지를 남겼다. 하지만 전화는 다시 걸려오지 않았다. 그래서 커피숍 점원의 눈치에도 상관없이 전화기를 빌려서 10분 간격으로 계속 호출을 해댔다. 결국 그녀에게서 다시 전화가 걸려왔다. 나는 만나서 이야기하고 싶다고 말했다. 그러자 그녀는 이렇게 대답한 뒤 전화를 바로 끊어버렸다.

"너 왜 이렇게 징그럽게 굴어. 난 할 얘기 없어. 빌려간 돈이나 빨리 갚아."

그녀가 내게 남긴 마지막 말이었다. 나는 수화기를 든 채 멍하니 그 자리에 한참 동안 서 있었다. 아무 생각도 나지 않았다. 그리고 심장이 터질 것처럼 두근거렸다. 정말 심장이 가슴 바깥으로 튀어나올 것처럼 심하게 펌프질을 했다. 어떻게 행동해야 할지 도무지 알 수가 없었다. 많이 혼돈스러웠지만 다시 자리에 앉아 마음을

정리한 뒤 커피숍을 나섰다. 그리고 며칠 뒤 친구에게 돈을 빌려서
그녀의 통장에 입금했다. 군대에 있을 때 그녀에게서 받았던 편지,
함께 찍은 사진 등 그녀의 흔적도 모두 지워버렸다. 이후 한동안
너무 힘들었지만 그 상처는 시간이 치유해주었다. 몸에 난 상처가
그렇듯 사랑의 상처도 시간이 지나면 아물게 마련이다. 그리고 남
녀의 만남 사이에는 분명히 인연이라는 게 존재하는 것 같다. 그녀
는 좋은 사람이었다. 나와 인연이 아니었을 뿐이다.

언젠간
나와 닮은 사람을 만난다

　여자 친구와 그렇게 헤어진 뒤 대학을 졸업할 때까지 한 번도 여자를 만나지 않았다. 마음의 여유도 없었지만 무엇보다 돈이 없었기 때문에 돈 쓸 일을 일부러 만들고 싶지 않았다. 남의 집 귀한 딸을 만나면서 예전처럼 매일 얻어먹고만 다닐 수는 없는 노릇이었다. 그래서 한동안 여자에 대해서는 마음을 비우고 살았다.

　대학을 졸업하고 직장에 다니던 어느 날 간호대학에 다니던 지인이 여자를 만나볼 생각이 있냐고 물었다. 그녀의 학교 선배이고 간호사로 근무하고 있는데 똑똑하고 예쁘다고 했다. 나는 일단 예쁘다는 말에 귀가 솔깃했다. 그래서 한번 만나보겠다고 했다. 며칠 뒤 일요일 늦은 오후에 서울 종로의 한 커피숍에서 그녀를 만났다. 그녀와 이런저런 대화를 나눴고 저녁식사를 함께 하기로 했다. 그녀는 인사동에 콩국수를 잘하는 집이 있는데 가보겠냐고 물었다. 한참 더운 여름이었고 나도 콩국수를 좋아했기 때문에 흔쾌히 그녀와 함께 그곳으로 향했다. 인사동 길을 걸으며 그녀는 자신의 가족에 대해 이야기했다. 그녀는 막내딸이고 위로 언니가 셋 있다고 했다. 부모님이 딸만 둘을 낳은 뒤 더 이상 아이를 낳지 않으려고 했는데 한참 뒤 아들을 갖고 싶어 다시 임신을 하셨단다. 그런데 또 딸을 낳고 말았다. 그것도 한 번에 둘을 낳았다고 했다. 알고 보니 그녀는 일란성 쌍둥이였다. 아들을 갖고 싶었던 그녀의 부모님이 한꺼번에 태어난 두 딸을 보며 얼마나 황당하셨을까 생각하니 웃음이 났다.

우리는 저녁식사를 한 뒤 연락처를 주고받고 헤어졌다. 그렇게 나는 두근거리는 사랑을 다시 시작하게 됐다. 우리는 함께 다니면서 주변 사람들에게서 닮았다는 말을 자주 들었다. 그리고 남매 같다는 소리도 종종 들었다. 실제로 그녀와 나는 닮은 점이 많았다. 외모에서 풍기는 이미지도 닮았고 몸이 마른 것도 닮았고 성격도 닮은 점이 많았다. 나는 그런 그녀가 점점 좋아졌다. 그리고 몇 년 후 우리는 한 식구가 됐다.

나는 아내를 만난 게 내 인생에서 가장 큰 행운이라고 생각한다. 아내는 나의 평범하지 않은 가족사와 집안 형편을 알고서도 나와 결혼하는 데 주저함이 없었다. 장인 장모님은 처음에는 나와의 결혼을 반대했지만 곧 관대하게 나를 사위로 받아주셨다. 아내는 현명하면서도 검소하고 생활력이 강하다. 그런 아내 덕에 나는 많은 것을 배우고 얻었다. 이제 곧 아내와 결혼한 지 10년이 된다. 그동안 우리는 부부의 관계를 넘어 각자의 꿈을 공유하며 서로가 꿈을 이룰 수 있도록 돕는 파트너 관계가 됐다. 만약 우리가 다음 세상에 다시 태어난다면 나는 온 지구를 뒤져서라도 아내를 다시 찾아내고 말 것이다. 그리고 아내에게 다시 청혼할 것이다. 지금 나는 아내가 없는 세상을 상상하기가 어렵다. 나는 우리 부부의 인연은 정말 하늘이 맺어준 것이라고 믿는다.

나는 결혼을 앞두고 근심이 깊어갔다. 결혼을 위해 모아둔 돈이 거의 없었기 때문이다. 대학을 졸업하고 3년 넘게 직장에 다니면서 적지 않게 돈을 벌었지만 그동안 번 돈은 대부분 써버렸다. 돈 때문에 고민이 많았던 대학 생활을 끝내고 취업한 뒤에는 그동안 나를 괴롭혔던 돈에게 복수라도 하듯이 버는 족족 마음 편한 대로 돈을 써댔다. 그게 경제적인 자유라고 착각하며 지냈다. 결혼할 때가 되어서야 나의 어리석음을 깨달았다. 또한 아버지와 실업계 고등학교를 졸업한 뒤 제자리를 못 잡고 지냈던 두 동생을 돕는 데도 적지 않은 돈이 들었다. 빚이 없었던 게 다행이라면 다행이었다. 반면에 아내는 직장에 다니면서 번 돈을 어머니에게 맡겨 차곡차곡 잘 모아두었고 결혼할 때 전부 가져왔다.

나는 여기저기서 최대한 대출을 받아 결혼 비용을 마련하려고 했다. 하지만 빚을 지고 시작할 수 없다는 아내의 성화 때문에 아내와 의논해 비용을 최대한 줄여보기로 했다. 우선 집안 간에 혼수 교환을 일절 하지 않기로 했다. 결혼식은 당시 내가 다니던 회사의 지하 강당을 빌려서 올렸다. 조금 과장해서 말하면 강당의 중앙에 카펫을 하나 깔고 하객석은 고동색 접이식 의자로 채운 뒤 결혼식을 올렸다. 결혼식 진행은 웨딩홀에서 근무한 경험이 있는 지인이 도와주었고 턱시도와 드레스, 메이크업, 사진 촬영, 웨딩 음악, 폐백 등은 웨딩 사업을 하던 지인이 도와주어서 저렴하게 준비할 수 있었다. 그 대신 식사는 하객에게 최대한 성의를 보이기 위해 신경 써서 준비했다. 신혼여행은 제주도로 갔다. 아내가 다니던 회사에서 제주도 모 호텔의 숙박권을 받은 게 있어서 그것을 활용했다. 항공료는 내가 모아둔 항공사 마일리지로 해결했다. 나는 결혼 전에 친구들과 해외여행을 몇 번 다녀왔기 때문에 두 사람이 제주도를 왕복하고도 남을 만큼 항공사 마일리지가 쌓여 있었다. 신혼집은 서울 변두리 지역에 10평 남짓한 다가구 주택에 전세를 얻었다. 사방이 주택으로 겹겹이 둘러싸여 한낮에도 햇빛이 들지 않는 어둡고 비좁은 집이었다. 언덕의 정상에 위치해서 지대가 높았고 지하철이나 버스 정류장까지의 거리가 멀어서 매일 작은 산을 오르내리는 기분이 들었다. TV, 세탁기, 전기밥통 등 가전제품은 내가 자취할 때 쓰던 것을 그대로 사용했고 그 외에도 소소한 살림은 내가 자취할 때 쓰던 것과 아내가 집에서 쓰던 것을 그대로 가져다 사용했다. 나는 결혼을 준비하면서 이런 상황에 대해 아내에게 무척 미안했지만 아내는 한 번도 불평하지 않았다.

결혼식을 마친 뒤 공항으로 향하는 웨딩카 안에서 우리 부부는 손을 꼭 잡고 마주 보며 내내 미소를 지었다. 그날 우리는 세상에서 가장 행복한 신혼부부였다.

최근 결혼 비용과 주택 마련에 대한 부담 때문에 결혼을 미루는 미혼 남녀가 많다. 결혼과 동시에 빚을 지고 가난해지는 신혼부부가 많다고 해서 허니문푸어라는 말도 생겨났다. 나는 재무설계 전문가로서 최근의 경제 환경과 젊은 세대가 겪고 있는 경제적인 어려움에 대해 누구 못지않게 잘 이해하고 있다고 생각한다. 그렇기 때문에 결혼을 미루려고 하는 그 심정도 이해한다. 그럼에도 한마디 하자면 직업이 있고 결혼 적령기가 되었지만 결혼을 망설이는 유일한 이유가 만약 돈 문제 때문이라면 나는 복잡하게 생각하지 말고 일단 결혼식을 올리라고 말하고 싶다. 경제적인 부담 때문에 결혼을 미루는 사람들은 아직 준비가 부족하다고 말하는 경우가 많다. 그런데 내가 궁금한 것은 과연 언제까지, 또 얼마나 많은 돈을 준비해야 결혼 준비를 충분히 했다고 말할 수 있을까? 나는 두 사람이 서로 사랑한다면 그리고 서로의 사정을 이해하고 받아들일 수 있다면 일단 결혼식을 올리고 나서 하나둘 함께 만들어나가면 된다고 생각한다. 남들처럼 평균적인 예식장에서 결혼식을 올리지 못하더라도, 남들처럼 평균적인 장소로 신혼여행을 가지 못하더라도, 또 남들처럼 평균적인 신혼집을 마련하지 못하더라도 그것이 인생을 살아가는 데 장애물이 되지 않는다. 어차피 대부분의 사람은 평생에 걸쳐 돈 문제로부터 자유로울 수 없다. 그렇기 때문에 부부가 서로 의지하며 함께 문제를 겪고 해결해나가는 게 혼자 해내려고 애쓰는 것보다 훨씬 더 수월하다.

이런 생각으로 나는 젊은 사람들에게 직업이 있고 사랑하는 사람이 있다면 결혼은 가급적 빨리 하는 게 좋다고 말해준다. 그리고 연애를 오래하는 것보다 결혼을 해야 돈도 빨리 모인다. 그리고 가급적 결혼은 빚 없이 시작하는 게 좋은 것 같다. 할 수 없이 빚을 내더라도 최대한 적게 낼 수 있는 방법을 찾아야 한다. 요즘처럼 경기가 좋지 않은 시기에는 한 번뿐인 결혼식이고 다시 오지 않는 신혼이라고 근사하게 돈을 쓰기 보다는 간소하게 비용을 치르고 한 푼이라도 더 저축하는 게 현명한 판단이다. 오늘 하루를 어떻게 사는가도 중요하지만 멀리 보며 살아야 한다.

가족의 힘으로 사는 날이 온다

·

·

·

딸아이가 태어난 날 나는 너무 기뻐서 하루 종일 어쩔 줄을 몰랐다. 그날 새벽에 나는 아내와 함께 분만실에 들어가 딸이 태어나는 모습을 처음부터 끝까지 지켜보았다. 그리고 아내와 딸의 생명을 이어주던 탯줄을 가위로 직접 잘랐다. 깡마른 몸에 체력이 약한 아내가 자연 분만에 성공하려고 안간힘을 쓰는 강인한 모습은 대견했고 여자아이답지 않게 분만실이 떠나갈 듯 우렁차게 우는 딸의 모습은 기특했다. 그런 아내와 딸 모두 정말 사랑스러웠다. 겨우 팔뚝만한 아이를 처음 품에 안았을 때 나는 '아빠가 사랑을 많이 주며 열심히 키워주마'라고 말했다. 그리고 나는 그날부터 시도 때도 없

"

이 아이의 볼에 뽀뽀하며 '우리 소중한 딸'이라고 노래하는 딸바보 아빠가 되어 살아가고 있다. 그 팔뚝만 했던 아이가 어느덧 여섯 살이 되었고 나란히 서면 머리가 내 가슴에 닿을 만큼 많이 자란 것을 보면 마음이 뿌듯하다. 나로 인해 한 생명이 태어나 무럭무럭 크고 있다는 사실은 나 자신이 조물주를 대신해서 무엇인가 대단한 일을 하고 있다고 생각하게 만든다. 이제 아이는 엄마 아빠와 함께 책을 읽고 영화도 보고 이런저런 대화를 나누기도 한다. 그런데 얼마 전 아이가 내게 이런 말을 한 적이 있다.

"아빠, 나 고민이 하나 있어."

나는 아이가 '고민'이라는 단어를 사용한 것을 처음 듣고 놀라워서 아내를 바라보며 웃었다.

"아니, 우리 소중한 딸한테 무슨 고민이 있는데?"

"오늘 유치원에서 철수랑 민수랑 싸우고 나서는 서로 말도 안 해. 그런데 나는 철수랑도 친하고 민수랑도 친하거든. 그래서 내가 철수랑 놀면 민수가 삐칠 것 같고 민수랑 놀면 철수가 삐칠 것 같은데 이럴 때는 어떻게 해야 해?"

"그럼 그 애들이랑 놀지 말고 다른 친구랑 놀아."

그날 내가 아이에게 해준 조언도 유치했지만 진지한 표정으로 말하는 아이의 고민을 듣다 보니 너무 웃겨서 아내와 함께 한참 동안 배꼽을 잡고 웃었다. 이렇게 아이가 내게 웃음을 줄 때마다 세상에 이보다 더 행복한 순간이 또 있을까 하고 생각한다.

가난하고 불안했던 20대 시절, 내가 지금처럼 단란한 가정을 꾸리며 살아가는 게 과연 가능할까라는 생각을 종종했다. 내가 만약 여자라면 사랑한다는 이유만으로 돈 없고 백도 없는 결손 집안의 장남과 결혼할 용기가 있을까? 내가 만약 딸을 둔 부모라면 나 같은 남자에게 딸을 흔쾌히 시집보낼 수 있을까? 그런 생각이 들 때마다 괜히 우울해졌다. 그래서 지금도 아침에 눈을 떴을 때 내 곁에 곤히 잠들어 있는 아내와 딸의 얼굴을 바라보면 혹시 지금 꿈을 꾸고 있는 게 아닌가라는 생각이 들 때가 종종 있다. 그리고 꿈이 아닌 현실임을 자각했을 때 내가 왜 열심히 살아야 하며, 왜 인생을 신지하게 살아야 하는지 그 이유를 깨닫게 된다. 내게는 그렇게 살지 않고서는 지금의 행복을 지켜나갈 다른 방법이 없기 때문이다. 이렇듯 아내와 딸은 그 존재만으로도 내 삶에 동기를 부여하며 내가 지치고 힘들어 할 때에도 신뢰와 사랑으로 나를 위로하고 응원한다. 나 역시 두 여자에게 똑같은 역할을 해주고 있다는 사실을 전혀 의심하지 않는다. 아내와 딸은 지금 내가 누리는 행복의 가장 큰 원천이다. 사실 내가 특별한 삶을 살면서 특별한 행복을 누리고 있는 것은 분명히 아니라고 생각한다. 사람들 대부분은 때가 되면 결혼해 아이를 낳고 비슷한 모습으로 살아간다. 나 역시 그 비슷한 삶을 사는 사람 중 하나일 뿐이다. 하지만 꼭 대단한 무엇인가를 성취하거나 성공해야만 인생이 값지고 행복한 것은 아니다. 남들과 비슷하게 그리고 남들처럼 평범하게 살아가는 것도 충분히 값진 인생이며 사랑하는 사람과 결혼해 서로 믿고 의지하며 웃고 사는 것만으로도 충분히 행복을 누릴 수 있다. 그리고 그런 정도의 행복은 때가 되면 누구나 누릴 수 있는 것이다. 그런데 이 글을 읽으면서 그처럼 평범해 보이는 행복조차 자신에게는 허락되지 않을 것 같다고 느끼며 비관하는 독자가 있을 것이라는 생각이 든다. 내가 20대 시절에 그렇게 비관했던 것처럼 말이다. 이 점에 대해 나는 다음과 같이 말할 수 있을 뿐이다.

그것을 진정으로 원하고 손에 넣기 위해 노력한다면 꼭 얻게 될 것이다.

돈, 착실히 모으고 값지게 써라

궁할 때는 천 원도 큰돈이다

　현재 직장에 다니고 있는 독자에게 한 가지 묻고 싶다. 아직 취업하지 못한 독자에게는 해당 사항이 없는 질문이지만 언젠가 겪을 문제이니 답변하는 대신 곰곰이 생각해보기 바란다.

　첫 월급으로 무엇을 했는가?

　나의 짐작으로는 그동안 애쓰신 부모님께 선물을 했을 것 같고 아직 취업하지 못한 친구들에게 술도 한잔 샀을지 모르겠다. 멋진 정장과 구두 그리고 정장에 어울리는 명품 비슷한 가방이나 백을 구입했을 수도 있을 것 같다. 학교에 다니는 동안 피치 못해 얻은 빚이 있어 조금 갚았을지도 모르겠다. 아마 이런저런 명목으로 첫 월급의 대부분을 써버리지 않았을까 생각한다. 취업 준비하느라 너무 애썼고 열심히 일해서 받은 첫 월급이니만큼 맘껏 기분을 내며 돈을 써보는 것도 좋은 경험이다. 사실 나도 그랬다. 나는 취업 후 신입사원 교육을 받던 중 첫 월급을 받았다. 나는 교육 기간 중에도 월급을 준다는 사실을 모르고 있었다. 한 달 동안 먹여주고 재워주고 교육시켜주고 그것도 모자라서 월급도 준다고? 그때는 정말 공돈이 생긴 기분이었다. 쉽게 번 돈이라고 생각해서인지 쉽게 써버렸다. 그런데 문제는 그 이후에도 계속 돈을 쉽게 써댔다는 점이다. 두 번째 월급을 받았을 때는 오래된 소형 중고차를 구입했다. 돈이 남았을 리 없다. 세 번째 월급도, 네 번째 월급도 다 썼다. 1년 뒤에는 중고차를 팔고 중형 신차를 구입했다. 모아둔 돈은 없었고 여말에 받은 상여금과 캐피털 할부를 이용해서 구입했다. 차를 바꾼 뒤부터는 소비를 좀 줄일 수밖에 없었는데 할부금과 늘어난 차량 유지비로 인해 쓸 돈이 부족해졌기 때문이다. 이렇게 신입사원 때부터 줄곧 뒷일을 생각하지 않고 돈을 쓰고 지내다가 결혼할 때가 되어서야 크게 후회했다.

'결혼해야 하는데 그동안 힘들게 번 돈이 전부 어디로 갔지?'

돈이라는 게 벌기는 힘들어도 쓰기는 쉽다. 그리고 돈을 쉽게 쓰다 보면 돈을 버는 게 무척 힘들다는 사실을 잊게 된다. 그러다가 그 사실을 다시 떠올릴 때는 돈 문제로 인해 어려움을 겪게 될 때다.

‘그 돈이 어떻게 번 돈인데…….’

나는 사람이 궁할 때는 1,000원짜리 한 장도 큰돈이 될 수 있다는 사실을 대학에 다닐 때 절실히 느껴봤다. 내가 대학에 다닐 때 구내식당에서 가장 싼 밥이 600원이었던 것으로 기억한다. 그리고 자판기 커피가 100원이었다. 1,000원이면 한 끼 식사를 해결하고도 친구 네 명과 커피를 한 잔씩 나누어 마실 수 있는 돈이었다. 커피를 마시지 않고 200원을 보태면 두 끼 식사를 해결할 수 있었다. 당시 나는 그 1,000원짜리 한 장이 아쉬울 때가 많았다. 그래서 취업하게 되면 악착 같이 돈을 벌고 열심히 저축해서 부자가 되겠다고 생각했다. 그런데 막상 돈을 벌기 시작하면서부터는 그동안 맘대로 못 쓰고 지낸 게 자꾸 생각나서 먹고 싶은 게 있으면 다 사 먹었고 사고 싶은 게 있으면 아끼지 않고 돈을 썼다. 그러다가 결국 결혼할 때가 되어서야 크게 후회했다. 결혼 후에라도 정신을 차렸으니 정말 다행이라고 생각한다.

20대든 30대든, 많은 미혼 남녀가 버는 것에 비해 저축을 많이 못하는 경향이 있다. 우선 부양가족이 없기 때문에 혼자 벌어서 혼자 쓰면 되는 경우가 많고 벌써부터 허리띠를 조이며 살고 싶지 않은 마음도 들기 때문일 것이다. 특히 이제 막 취업에 성공한 신입사원은 저축보다는 어디에 쓸까를 먼저 떠올리는 경향이 있다. 그동안 부모님이 주신 용돈이나 아르바이트로 번 돈을 쪼개고 쪼개서 생활하다가 이제 경제적으로 자립했다는 일종의 해방감도 느낀다. 한마디로 돈을 버는 재미와 함께 쓰는 재미가 쏠쏠히 느껴지는 것이다. 사실 신입사원 때가 아니면 언제 또 그렇게 돈을 써보겠는가? 게다가 펑펑 써보고 싶어도 신입사원 때의 월급이 그리 많지도 않다. 그렇기 때문에 돈을 쓰는 재미를 너무 오랫동안 누리지만 않는다면 크게 문제될 것은 없다.

그런데 혹시 그것 아는가? 돈을 쓰는 재미보다 모으는 재미가 더 쏠쏠하다는 사실을 말이다. 돈을 모으는 재미를 이미 경험해본 독자도 있겠지만 아직 경험해보지 못한 독자라면 지금 내가 한 말은 진실이라고 믿어도 된다. 땀 흘려 번 소중한 돈을 열심히 저축해서 통장에 돈이 많이 쌓이면 밥을 안 먹어도 배가 부른 것 같은 느낌이 들 정도다. 설령 내 말이 믿기지 않더라도 돈을 쓰는 일보다는 모으는 일에서 먼저 재미를 찾아야 한다. 돈을 쓰는 재미에 맛을 들일수록 나중에 치르게 될 쓰디쓴 비용이 증가하지만, 돈을 모으는 재미에 맛을 들이면 나이를 먹을수록 삶의 여유가 증가하기 때문이다. 만약 결혼할 때 거주할 집을 구하고 아이를 낳아 키우면서 돈이 얼마나 많이 드는지 미리 체험해보는 게 가능하다면 나는 대부분의 미혼 남녀가 취업한 직후부터 열심히 돈을 아껴 쓰고 모으지 않을까 생각한다. 20대에 적당한 수준을 넘어서 충동적으로 소비하는 습관을 들이면 그 습관이 30대에도 지속될 가능성이 크다. 그리고 30대에도 그 습관을 빨리 못 버리면 40대에는 정말 하루가 멀다 하고 돈 문제를 걱정하면서 살게 될 것이다. 설령 부모의 경제적인 덕을 볼 수 있더라도 부모가 상당한 부자가 아닌 이상 결과적으로 부모의 노후자금을 끌어다 쓰는 것밖에 되지 않는다. 그러면 안 그래도 준비가 부실한 부모의 노후가 자식 때문에 더 위태로워질 수 있다. 이는 재무설계 전문가로서 그동안 내가 직접 목격해온 사실이다.

나이 들어 돈 걱정에 시달리고 싶지 않다면 처음 돈을 벌기 시작하는 20대 때부터 절제된 소비 습관을 들이고 열심히 저축해야 한다. 최근에 대학을 졸업하고 취업을 한 20대는 학자금 대출과 생활비 때문에 얻어 쓴 빚을 갚느라 돈을 벌어도 넉넉하지 못한 경우가 많지만 그 빚을 빨리 갚기 위해서라도 열심히 저축해야 한다. 그리고 정말 꼭 필요한 경우가 아니라면 자동차는 구입하지 않는 게 이롭다. 급여 수준이 낮은 20대 때는 자동차를 구입하는 순간부터 돈을 모으기는 이미 글렀다고 보면 된다. 할부금 이자, 자동차보험

료, 자동차세금, 기름값, 정비비, 수리비 등을 따져보면 매년 수백
만 원이 우습게 나간다. 게다가 자동차는 5년만 지나면 가치가 절
반 이하로 감소한다. 돈 먹는 하마가 따로 없다. 자동차는 결혼 후
아이를 낳은 뒤에 구입해도 늦지 않다. 그리고 자동차는 할부로 구
입하지 말고 자신의 재무 상태를 고려해 일시금을 주고 구입할 수
있는 차종을 선택하는 게 바람직하다.

지출의 한도를 정하고 돈을 써라

　　나는 과거에 MBC에서 인기리에 방영된 '만 원의 행복'이라는 예능 프로그램을 즐겨 봤다. 워낙 유명한 프로그램이라 대부분의 사람들이 그 내용을 기억하고 있을 것이다. 두 명의 출연자가 1만 원짜리 한 장으로 일주일 동안 생활한 뒤 잔액을 비교해 그 액수가 더 많은 사람이 승리한다는 줄거리다. 1만 원으로는 하루도 살기 어려운 시대에 일주일 동안 살아간다는 것은 사실 불가능한 일이나 마찬가지다. 그러다 보니 출연자들은 밥을 얻어먹고 차를 얻어 타는 등 주변 사람들에게 구걸을 하다시피 하면서 일주일을 지낸다. 그리고 결국 돈을 남긴다.

당시 나는 방송을 보면서 이런 생각을 해보았다. 만약 이 프로그램의 제목이 '만 원의 행복'이 아니라 '2만 원의 행복'이라면, 그래서 출연자에게 1만 원을 준 게 아니라 2만 원을 주고 일주일 동안 살라고 했다면 그들이 1만 원보다 돈을 더 썼을까, 아니면 적게 썼을까? 내 추측으로는 아마 참가자 대부분이 분명히 1만 원보다 많은 돈을 지출했을 것이다. 2만 원에 맞추어서 일주일 동안 버티려고 노력했을 것이기 때문이다. 만약 3만 원을 줬다면 3만 원에 맞추어서 일주일 동안 살았을 것이다.

사람의 소비 심리는 묘한 구석이 있다. 자신이 쓸 수 있는 돈이 1만 원 밖에 없다고 생각하면 1만 원에 맞추어서 살게 되고 2만 원 밖에 없다고 생각하면 2만 원에 맞추어서 살게 된다. 즉 지출의 한도를 정하고 돈을 쓰기 시작하면 그 한도에 어떻게든 맞춰보려는 심리가 생기는 것이다. 별것 아닌 것처럼 보이지만 이 단순한 지출 관리 방법이 결혼 후 나의 무계획적인 소비습관을 고쳐주었고 열심히 저축하는 데도 큰 도움을 주었다. 그래서 지금도 나는 매달 지출의 한도를 정하고 그것에 맞추어 돈을 쓰려고 노력한다. 그렇게 한다고 당장 부자가 되는 것은 아니지만 젊어서부터 계획적으로 돈을 쓰는 습관을 들이면 나이 들어 하게 될 돈 걱정을 분명히 줄일 수 있다.

　지출의 한도란 예산을 뜻한다. 매달 지출 예산을 정하고 그 예산 범위 내에서만 돈을 쓰기 위해 노력하다 보면 알게 모르게 새나가거나 불필요하게 낭비되는 돈을 줄일 수 있다. 그렇게 해서 절약되는 돈이 푼돈처럼 보일 수 있지만 그 푼돈이 1년 동안 모이고, 5년 동안 모이고, 10년 동안 모이면 결국 목돈이 된다. 젊은 시절 작은 돈이라고 함부로 무시하거나 불필요하게 쓰면, 나이 들어서는 그 푼돈이 아쉬워 한숨을 쉬면서 살게 될 수 있다. 그런 점 때문에 지출의 한도를 정하고 돈을 쓰는 행위는 내가 가장 중요하게 생각하는 돈 관리의 원칙이다.

　사람들은 새해가 되면 으레 여러 목표와 계획을 세우는데 그중 빠지지 않는 것이 저축에 관한 목표다. 하지만 몇 달 해보다가 흐지부지 되는 경우가 많다. 그 이유가 무엇인지 생각해보면 목표에 접근하는 과정이 틀렸기 때문이다. 사람들은 흔히 매달 50만 원 이상 저축하겠다, 100만 원 이상 저축하겠다는 식의 저축 목표를 세우는 경우가 많지만 그렇게 해서 저축 목표를 달성하기는 쉽지 않다. 그에 앞서 매달 50만 원 한도 내에서만 돈을 쓰겠다, 100만 원 한도 내에서만 돈을 쓰겠다는 식의 지출 목표를 세우고 실천해야 한다. 저축은 소득에서 쓰고 남은 돈이 있어야 할 수 있는 것이기 때문에 쓰는 것을 통제하지 못하면 저축 목표를 달성할 수 없기 때문이다. 그래서 저축 목표를 달성하려면 우선 지출 목표를 세우고 실천해야 한다.

매달 지출의 한도를 정하고 돈을 쓰는 습관을 들이는 데 좋은 방법이 하나 있다. 내가 실제로 행하는 지출 관리 방법이다. 신용카드 사용을 자제하고 입출금 통장에 매달 한 번씩 돈을 입금한 뒤 체크카드와 현금으로만 지출하면 된다. 예를 들어 매달 지출의 한도를 50만 원으로 정했다면 편리한 날짜를 정해서 입출금 통장에 매달 한 번씩 50만 원을 입금한 뒤 체크카드와 현금으로만 지출하라는 뜻이다. 이렇게 돈을 쓰다 보면 통장 잔액을 수시로 확인하는 습관이 생긴다. 다음 입금일 전까지 쓸 돈이 얼마나 남았는지 궁금해지기 때문이다. 잔액을 확인하면 돈을 입금한 날부터 오늘까지 총 얼마를 지출했는지 쉽게 파악할 수 있고 다음 입금일이 가까워져오면 남은 잔액 내에서 지출할 수 있을지, 아니면 돈이 부족하게 될지 예상해볼 수 있다.

대부분의 사람은 돈 쓸 일이 있으면 그때그때 따져보지 않고 일단 돈을 쓴다. 그리고 한 달 뒤 신용카드 청구서를 보고 얼마를 썼는지 확인한다. 신용카드 청구서에 잡히지 않는 지출은 확인이 안 된다. 어디에 얼마를 썼는지 기억도 안 난다. 그러다 보니 지출 관리가 안 되고 여기저기에서 돈이 줄줄 샌다. 하지만 돈을 쓸 때 자신의 씀씀이를 파악하면, 생각하면서 돈을 쓰는 습관이 들기 때문에 불필요하게 새어나가는 돈을 줄일 수 있고 절제된 지출 습관을 유지하는 데 많은 도움이 된다. 그러면 저축하는 돈이 늘어난다. 그러니까 돈을 쓰고 나중에 확인하지 말고 돈을 쓰면서 얼마나 썼는지 확인하는 습관을 들이라는 뜻이다. 처음 이런 지출 습관을 들이기까지는 불편한 과정을 거쳐야 하지만 일단 습관이 되고 나면 그때부터는 하나도 힘들지 않다. 아침에 일어나면 누가 시키지 않아도 이를 닦고 세수를 하듯 무의식적으로 행동하게 되기 때문이다.

나는 급할 때를 대비해 신용카드를 한 개 갖고 다니지만 거의 사용하지 않는다. 많은 사람들이 신용카드를 사용해서 얻는 부가적인 혜택을 포기하기 어렵다고 말하지만 그렇게 해서 얻는 이익보다 불필요한 소비를 더 많이 하게 된다면 결국 밑지는 장사가 된다. 신용카드 회사는 사람들에게 공짜로 부가적인 혜택을 주는 게 아니라 소비를 더 부추기기 위해 혜택을 준다. 그리고 많은 사람들이 그 부추김에 현혹된다. 최근에 금융감독원은 신용카드 회사에 신용카드 누적 이용금액을 고객에게 휴대폰으로 통지해 주는 제도를 도입하도록 권고했다. 거래건별 이용금액을 통지하는 서비스는 이미 모든 카드사가 시행하고 있지만 당신이 이번 달 오늘까지 신용카드로 총 얼마를 긁었다고 알려주는 누적 이용금액 통지 서비스는 하지 않고 있다. 금융감독원의 권고에도 신용카드 회사들은 누적 이용금액 통지 서비스 도입을 주저하고 있다. 왜 그럴까? 평소 씀씀이를 잘 확인하지 않고 신용카드를 사용하던 사람들에게 실시간으로 누적 이용금액을 알려주면 과소비에 대해 일종의 경고 메시지를 보내주는 셈이기 때문이다. 그러면 당연히 신용카드 회사의 매출이 줄 것이 뻔한데 그러한 제도를 적극적으로 도입하려 할 리가 없다. 많은 사람들이 이 같은 신용카드 회사의 처신에 대해 비판하지만 비판에 앞서 평소 지출의 한도를 정하고 돈을 쓰는 습관을 들인다면 굳이 카드사에서 경고 메시지를 보내주지 않더라도 과소비나 불필요하게 돈을 쓰는 행위를 스스로 통제할 수 있을 것이다.

경제적인 자유를 원한다면
꼭 필요한 것만 소유해라

전혀 관련이 없을 것 같은 삼성그룹의 이건희 회장과 얼마 전 입적하신 법정스님의 공통점이 있다. 그게 무엇인지 아는가? 그들 모두 경제적인 자유를 누리며 살아왔다는 점이다. 차이점은 전자는 태어날 때부터 재벌로 태어나서 경제적인 자유를 누려왔고 후자는 물질에 대한 욕심을 버림으로써 자유를 누렸다는 점이다. 법정스님은 생전에 무소유를 강조하며 '꼭 필요한 것만 소유하라. 그리고 간소하고 단순하게 살아라'라는 말씀을 하셨다. 나는 스님의 말씀을 물질에 대한 욕심을 버리고 분수에 맞게 살면 돈 걱정 없이 살아갈 수 있다는 뜻으로 해석하고 있다. 만약 신이 당신에게 경제적으로 자유롭게 살아갈 수 있도록 선택의 기회를 준다면 재벌 회장처럼 살고 싶은가 아니면 스님처럼 살고 싶은가? 내가 당신의 속을 들여다볼 수 없기 때문에 단정적으로 말할 수는 없지만 아마 재벌 회장처럼 살고 싶다고 대답하지 않았을까. 나 또한 마찬가지로 생각한다. 매일 여기저기 돈을 흘리고 다녀도 평생 다 쓰지 못할 만큼 많은 돈을 갖게 된다면 이를 굳이 마다할 이유가 있겠는가?

사람이 하는 걱정의 70%는 돈 걱정이라고 한다. 그러니까 경제적으로 자유롭게 산다면 평생 할 걱정의 70%를 덜어낼 수 있는 것이다. 그렇다면 정말 얼마나 마음이 편하겠는가? 그런데 문제는 당신과 나는 재벌 회장이 되기는 애당초 글렀다는 사실이다. 때문에 정말 돈 걱정 없이 살고 싶다면 하는 수 없이 스님처럼 살기를 선택해야 한다. 그렇다고 정말 스님처럼 혈혈단신으로 무소유 정신을 갖고 살 수는 없는 노릇이다. 이는 현실적으로 불가능하다. 그럼에도 우리는 법정스님이 남긴 말씀을 다시 한 번 떠올릴 필요가 있다.

'꼭 필요한 것만 소유하라. 그리고 간소하고 단순하게 살아라.'

나는 재무설계 전문가로서 그동안 수많은 사람들을 만나서 그들이 말하는 돈에 관한 걱정과 고민을 귀담아들었다. 그중 소득이 너무 적거나 힘든 일을 겪는 사람을 제외하면 돈 걱정을 많이 하는 사람은 다음의 몇 가지 특징 중 적어도 두세 가지 이상에 해당하는 경우가 대부분이다.

- 계획 없이 돈을 쓴다.
- 소득 대비 소비가 많다.
- 소득 대비 자녀의 교육비를 과도하게 지출한다.
- 소득 대비 거주 비용이 많이 드는 집에서 살고 있다.
- 소득 대비 부채가 많아서 이자 비용을 과도하게 지출한다.
- 보험이 필요 없다고 생각하거나 반대로 원칙 없이 너무 많은 보험에 가입되어 있다.
- 남의 시선을 의식해서 필요 이상으로 소비하며 과시한다.
- 소득이 늘어도 그만큼 소비를 늘리기 때문에 위의 문제가 해결되지 않는다.

결론적으로 말하면 돈 걱정을 많이 하는 사람은 버는 것에 비해 많이 쓰는 경향이 있다. 그렇기 때문에 지금 당장 사는 데 불편함은 없지만 저축을 많이 못하기 때문에 나이를 먹을수록 돈 걱정이 많아진다. 나이가 들고 자녀가 커가면서 돈 쓸 일은 늘어나는데 소득 기간은 끝이 보이기 시작하고 수중에 모아둔 돈은 없기 때문이다. 불안하지 않을 수 없다.

반면에 돈 걱정을 적게 하는 사람은 대체로 다음과 같은 특징이
있다.

- 예산을 정해서 계획적으로 돈을 쓴다.

- 수중에 늘 목돈의 비상금이 있다.

- 자녀의 교육비와 거주 비용은 소득을 고려해서 지출한다.

- 부채를 싫어하며 꼭 필요하다면 상환 계획을 세운 뒤 무리가
  안 되도록 대출을 받는다.

- 소득 대비 적정한 수준에서 자신에게 필요한 보험을 선택적으
  로 가입하고 있다.

- 소득 대비 저축 비율이 높다.

- 소득이 늘면 저축도 늘어난다.

- 적은 돈이라도 노후자금 마련을 위해 꾸준히 저축한다.

이처럼 돈 걱정을 적게 하는 사람은 계획적으로 돈을 쓰고 많이
저축하려고 애쓰는 경향이 있다. 평소 필요한 만큼 예산을 정해서
돈을 쓰고 남에게 보이기 위해 소비를 과시하지 않는다. 또한 불확
실한 미래에 대비해 한 푼이라도 더 저축하려고 노력한다. 그렇지

않은 사람에 비해 당연히 불안감이 적을 수밖에 없다. 따라서 처음 취업하는 20대 때부터 그런 노력을 일찍 시작해 돈을 관리하는 습관을 잘 들이면 부자가 되지 못하더라도 돈 걱정을 많이 하지 않고 살아갈 수 있을 것이다.

건강한 돈 관리 습관을 들이는 게 왜 중요한지 극명하게 보여주는 사례가 있다. 예전에 모 방송에서 로또복권 1등에 당첨된 두 사람의 삶을 비교해서 보여준 적이 있다. 두 사람 모두 5~6년 전에 10억 원이 넘는 당첨금을 받았다. 한 사람은 그동안 당첨금을 전부 탕진했고 빚까지 진 채 하는 일 없이 PC방과 복권방을 오가면서 살고 있다. 끼니는 컵라면으로 때운다. 가족도 뿔뿔이 흩어졌다. 그리고 한 번 더 1등에 당첨되어 재기하겠다는 게 그의 꿈이다. 또 다른 당첨자는 트럭 운전기사였다. 그는 당첨금을 받은 뒤에도 그 전과 마찬가지로 회사에서 받는 월급으로만 생활했다. 당첨금으로는 집을 구입하고 남은 돈은 전부 금융회사에 잘 보관해두고 있다. 그뿐만 아니라 그중 일부를 어려운 지인과 친척을 도와주는 데 사용했다. 그는 생활이 크게 나아진 것은 없지만 돈이 넉넉하니 마음이 풍요롭다고 말했다. 많은 사람이 돈을 많이 벌면 돈 걱정에서 자유로워질 것이라고 생각한다. 사실 나도 그 점을 부정하지 않는다. 하지만 평소에 자신이 번 돈을 소중히 다루지 않는 사람은 오늘 돈벼락을 맞더라도 내일이면 그 돈이 전부 공중에서 분해되고 말 것이다.

한편에서는 재테크를 통해 큰돈을 벌어보려고 애쓰는 사람들도 많다. 그런데 제 아무리 재테크 공부를 많이 하고 발품을 많이 팔고 돌아다녀도 재테크를 통해 돈을 벌기란 생각만큼 쉽지 않다. 그뿐만 아니라 평소 계획적으로 돈을 쓰고 관리하지 않은 사람은 재테크를 통해 일시적으로 큰돈을 벌더라도 그 돈이 오랫동안 손에 남아 있지 않다. 평소에 돈을 소중하게 다루지 않는 사람은 100만 원을 버나 1,000만 원을 버나 똑같은 방식으로 돈을 써대기 때문이다. 나는 지금까지 10년 이상 금융업에 종사하면서 재테크를 통해 부자가 되었다는 사람을 만나본 적이 없다. 또한 보험사, 은행, 증권사 등에서 근무하는 금융전문가와 재테크 전문가를 많이 알고 있는데 그들 중 부자라고 부를 만한 사람은 몇 명 없으며 그 몇 사람조차도 재테크를 통해 자산을 늘린 게 아니라 월급을 아껴 쓰고 모아서 자산을 늘려온 경우다. 물론 이런 나의 경험을 일반화시켜 '재테크를 통해 부자가 될 수 없다'는 식의 말은 하지 않겠다. 세상에는 분명히 재테크를 통해 부자가 된 사람이 있다는 사실을 인정하기 때문이다. 하지만 그렇다고 이를 일반화시켜 부자가 되려면 재테크를 잘해야 한다는 식으로 결론을 내리는 것도 어리석은 짓이다. 전 세계적으로 부자는 사업가, 고소득 전문직 종사자, 성공한 연예인, 스포츠 스타, 부잣집 자손으로 태어나 유산을 물려받은 사람, 그 외에 권력을 이용해 부정한 방법으로 돈을 번 사람 등이 대부분이다. 내가 아는 한 재테크를 통해 부자가 된 사람은 통계로 확인된 바가 없다.

그런데 재테크를 통해 부자가 되었다고 알려진 사람들의 이면을 들여다보면 우리는 그들에 대해 상당한 오해를 하고 있다는 사실을 알게 된다. 예를 들어 주식 투자의 대가로 알려진 워렌 버핏은 주식 재테크를 잘해서 갑부가 된 게 아니다. 투자 사업을 잘해서 부자가 된 사람이다. 다시 말하면 그는 재테크 고수가 아니라 성공한 사업가다. 부동산 투자 전문가로 명성을 얻은 도널드 트럼프와 로버트 기요사키도 부동산 재테크를 잘해서 부자가 된 게 아니라 부동산 사업을 잘해서 부자가 된 사업가이다. 실명을 거론하기는 어렵지만 국내에서도 재테크 전문가로 유명세를 얻고 있는 사람들의 이면을 들여다보면 그들이 재테크를 통해 큰돈을 벌어본 적이 없다는 사실을 알기란 어려운 일이 아니다.

나와 일면식이 있는 모 증권사의 채권 운용 담당 임원이 이렇게 말한 적이 있다. 자신이 20년 이상 증권사에 근무하면서 40대에 임원까지 올랐지만 함께 입사했던 수십 명의 입사 동기 중 지금까지 회사에는 물론 증권업계에 살아남아 있는 사람은 대부분 채권 관련 업무를 담당했던 사람이라고 한다. 주식 관련 업무를 담당했던 사람은 현직에 있는 경우가 몇 명 없고 돈을 제대로 모은 사람도 없다고 했다. 한때 베스트셀러에 오른 주식투자에 관한 책을 쓴 내 지인도 비슷한 말을 한 적이 있다. 그 역시 증권사에서 20년 이상 근무했고 아직까지 현직에 있는 주식 전문가인데 자신이 회사 내에서 주식에 관해 가장 많이 아는 몇 사람 중에 속하지만 지금까지 겨우 본전치기를 한 수준이라고 말했다. 재테크를 통해 돈을 벌기 얼마나 어려운지 짐작해볼 수 있다.

나는 대부분의 사람들이 가장 쉽게 할 수 있고 가장 효과도 좋은 재테크 방법은 계획적으로 돈을 쓰고 모으는 것이라고 생각한다. 그만큼 정직하고 손쉬운 재테크 방법이 또 어디에 있겠는가? 또한 가장 좋은 재테크 방법은 자기계발을 통해 자신의 몸값을 키우는 것이다. 앞서 말했듯 부자의 직업을 보면 일단 소득이 많은 일을 하고 있다는 사실을 알 수 있다. 그들의 몸값이 그만큼 높다는 뜻이다. 은행에 돈을 맡기면 이자를 받는다. 그리고 돈을 많이 맡길수록 이자도 늘어난다. 사람의 소득도 은행의 예금 이자와 크게 다르지 않다. 몸값이 높아지면 그만큼 소득이 늘어나기 때문이다. 혹시 지금 당신의 소득이 너무 적다고 생각한다면 저축도 하지 말고 차라리 그 돈을 자기계발에 꾸준히 투자하라. 지금보다 소득이 높은 직업을 갖기 위해 노력하는 편이 재테크에 관심을 두는 것보다 훨씬 더 나은 선택일 것이다.

재테크가 아닌 재무설계를 해라

재무설계는 영어인 'Financial Planning'을 우리말로 옮긴 것으로 '재무목표를 달성하기 위한 계획을 수립하고 실행히는 과정'이라고 정의할 수 있다. 여기서 재무목표란 돈과 관련된 목표를 말하는데 결혼자금, 전세자금 등 특정 목적에 사용할 목돈 마련의 목표라고 생각하면 이해가 쉬울 것이다. 재무설계를 통해 목돈 마련 계획을 세우는 과정을 간단히 정리해보면 다음과 같다.

1. 돈의 사용 목적을 정한다.
2. 언제, 얼마가 필요한지 따져본다.

3. 매달 얼마씩 저축해야 하는지 따져본다.

4. 어떤 금융상품에 저축할지 결정한다.

예를 들면 다음과 같은 과정으로 하는 것이다. 신입사원인 홍길동 씨는 3년 후에 결혼할 계획이다. 그가 결혼자금 3,000만 원을 마련하기 위해 재무설계를 한다고 가정해보자.

1. 돈의 사용 목적을 정한다 → 결혼비용

2. 언제, 얼마가 필요한지 따져본다 → 3년 후, 3,000만 원

3. 매달 얼마씩 저축해야 하는지 따져본다 → 매달 83만 원

(3,000만 원÷36개월)

4. 어떤 금융상품에 저축할지 결정한다 → 은행 정기적금

※ 최근 은행의 정기적금 이자율이 연3%~4% 이므로 실제로 매달 80만 원씩 저축하면 3년 동안 3,000만 원을 모을 수 있다.

만약 홍길동 씨가 매달 83만 원씩 저축할 여유가 안 된다면 재무목표를 3,000만 원 아래로 낮추거나 은행의 정기적금보다 높은 수익률을 기대할 수 있는 금융상품을 골라서 저축해야 할 것이다. 그렇다면 재무설계를 해야 하는 이유가 무엇일까? 그 이유는 단순

하고 명확하다. 대부분의 사람들은 제한된 소득을 기반으로 평생 동안 살아가야 하기 때문이다. 즉 버는 돈은 정해져 있는데 그 돈으로 기본적인 의식주 비용을 해결해야 함은 물론 결혼자금, 주택자금, 자녀교육자금, 노후자금 등 여러 재무목표도 달성해야 한다. 게다가 그 제한된 소득마저 60세 이전에 급격히 줄거나 아예 끊어지는 경우가 대부분이다. 따라서 재무설계를 하지 않고서는 제한된 소득으로 일생에 걸쳐서 해결해야 하는 여러 재무목표를 적절히 달성해나가기가 어렵다. 비록 재무설계가 인생의 돈 문제를 완전히 해결해줄 수는 없지만 자신이 꿈꾸는 재무목표를 하나둘 달성해나가는 데 훌륭한 수단이 된다. 그런데 많은 사람들이 재무설계와 재테크의 개념을 서로 혼동하거나 비슷한 것이라고 생각한다. 재무설계와 재테크는 '경제적 자유' 또는 '돈 걱정 없는 삶'이라는 공통된 목표를 추구한다고 볼 수 있지만 접근 방식에서는 큰 차이가 있다.

우선 재테크는 '재무테크놀로지'라는 합성어의 줄인 말로 '재산을 늘리는 기술이나 수법'을 말한다. 따라서 재테크는 가진 돈의 양을 늘리는 것 자체가 우선적인 목표라는 사실을 알 수 있다. 그리고 재테크의 성패에 가장 큰 영향을 미치는 요인은 수익률과 마켓 타이밍(사고파는 시점을 잡는 것)이다. 그런데 이는 개인의 의지로 통제하기가 불가능하거나 매우 어려운 영역이다. 반면에 재무설계의 성패에 가장 큰 영향을 미치는 요인은 계획과 실행인데 이는 개인의 의지로 통제 가능한 영역이다. 예를 들어 1년 동안 매달 10만 원씩 저축해 수익률 10%를 얻기가 쉬울까 아니면 불필요한 지출을 줄여 1만 원을 추가해 11만 원씩 저축하기가 더 쉬울까? 둘 모두 결과는 동일하지만 전자보다는 후자가 훨씬 더 쉬운 방법이다. 수익률 10%를 얻는 것은 내가 통제할 수 없는 영역이지만 지출을 줄여 1만 원을 추가로 저축하는 것은 통제할 수 있기 때문이다. 따라서 이런 점을 고려해 재테크보다는 재무설계에 먼저 관심을 갖고 실행해야 한다. 그다음 재산을 늘리는 기술을 배우든지 써먹든지 해야 할 것이다.

재무설계는 당연히 처음 돈을 벌기 시작하는 사회초년생 때부터 시작하는 게 좋다. 이를 위해 재무설계에 관한 책을 읽고 공부하는 게 도움이 될 것이고 은행, 증권사, 보험사 등 금융회사에서 근무하는 재무설계사와 금융전문가에게 컨설팅을 받거나 조언을 구하는 것도 도움이 될 것이다. 다만 돈과 관련된 의사결정을 할 때는 전문가의 조언이라도 맹신해서는 안 되며 특히 금융상품을 선택하고 투자 금액을 결정할 때는 신중히 판단해야 한다.

당신은 88만 원 세대가 아니다

.

.

.

1988년은 대한민국에서 올림픽이 열렸던 역사적인 해다. 당시 나는 고등학생이었는데 88올림픽을 앞두고 나라 전체가 들떠 있었던 것을 생생히 기억한다. 그 열기는 88올림픽 기간 동안 최고조에 달했고 올림픽이 끝난 뒤에도 좀처럼 식지 않았다. 게다가 88은 팔팔하다는 의미를 가진 역동적인 숫자가 아닌가. 올림픽의 열기에 기름을 부은 것 같은 상징적인 숫자였다. 지금 20대는 그 분위기가 잘 상상이 가지 않겠지만 우리 축구대표팀이 4강에 올랐던 2002년 한일월드컵 때보다 더 뜨거운 분위기였다고 생각하면 맞을 것이다 (88올림픽 때도 우리나라가 종합 순위 4위에 올랐다). 그래서인지 나에게 88이라는 숫자는 매우 친숙하다. 나뿐만 아니라 당시 중학생 이상이었던 사람들은 대부분 88을 추억이 섞인 친숙한 숫자로 기억할 것이다. 당시 우리나라 도처에는 88이라는 숫자가 널려 있었다. 88체육관, 88올림픽대로, 88고속도로, 88휴게소, 88담배, 88상점, 88문방구, 88분식, 88식당, 88복덕방, 88주유소, 88오락실, 88문고 등 지금 어렴풋이 기억하는 것만 해도 손가락으로는 그 수를 세기가 어렵다. 그리고 20년을 훌쩍 넘긴 지금 다시 들어도 명곡이라는 감탄이 나오는 올림픽 주제곡 「손에 손잡고」를 부른 그룹사운드 가수 코리아나는 당시 최고의 인기를 누렸다. 코리아나의 리더가 무대를 휘저으며 열창하던 중 일렉기타를 이로 물어뜯으며 연주하는 모습이 아직도 생생히 기억날 만큼 매우 인상적이었다. 그런 추억 때문에 얼마 전까지만 해도 나는 88이라는 숫자를 보면 자연스럽게 그때의 올림픽이 떠올랐다. 그런데 지금은 그 숫자를 보면 20여 년 전의 팔팔하고 역동적인 추억이 아닌 88이라는 숫자에 어깨가 짓눌린 20대 청년의 모습이 떠오른다.

지금 우리 사회는 20대 청년들을 88만 원 세대라고 부른다. 비정규직으로 근무하는 20대 청년의 월평균 임금이 88만 원 정도 된다고 해서 나온 말인데 참 우울한 표현이다. 이태백이라는 말도 있다. 잘 알겠지만 20대 태반이 백수라는 뜻이다. 주변에서 들리는 이런 부정적인 말에는 귀를 기울이지 않는 게 이롭다. 들리면 귀를 막고 입에도 담지 않는 게 좋을 것이다. 이런 말에 귀를 기울이고 입에 담기 시작하면 자신도 모르게 부정적인 자기최면에 빠져들게 된다.

'나는 88만 원 세대다. 나는 불운한 세대다. 나는 안 된다.'

그러면 정말 평생 동안 88만 원짜리 인생을 살게 될지 모른다. 그렇다고 세태의 현상을 부정하고 외면하라는 뜻이 아니다. 현실에 존재하는 문제를 인식하고 세대가 한 목소리로 사회에 변화를 촉구하는 일은 매우 중요하다. 그렇지 않으면 이 사회를 이끌어가는 기득권자들은 자기 밥그릇을 챙기기에 바빠서 20대 청년의 문제에 관심조차 두지 않을 것이다. 다만 내가 하고 싶은 말은 남이 정해놓은 틀에 자신을 스스로 끼워 넣지 말라는 것이다. 지금의 20대가 아무리 88만 원 세대라 하더라도 언젠가 그 틀에서 벗어나 880만 원의 임금을 받는 사람이 분명히 생기게 마련이다. 또 그 틀을 아예 부수고 나와 자신만의 큰 틀을 새로 만들어내는 사람도 분명히 생기게 마련이다. 그뿐만 아니라 88만 원 세대의 틀을 통째로 짊어지고 사회의 변화를 외치며 세대를 이끌어가는 리더도 생길 것이다. 만약 88만 원의 틀에 스스로 자신의 몸과 마음을 끼워 넣는다면 당신은 결코 그 주인공이 될 수 없을 것이다. 내 경험에 비추어보면 긍정적인 사고는 서서히 삶에 좋은 영향을 미치지만 부정적인 사고는 빠른 속도로, 그것도 강력하게 삶에 안 좋은 영향을 미친다. 부정적인 사고가 긍정적인 사고보다 더 힘이 세다는 뜻이다. 그러니 88만 원 세대처럼 우울해지는 말은 듣지도 스스로 말하지도 말기 바란다. 88이라는 숫자에 짓눌리기보다는 88이라는 숫자가 상징하듯 팔팔하고 역동적인 삶을 살려고 노력하는 게 어떤 면에서 보더라도 당신 자신을 위해 이로울 것이다.

쉽게 돈 버는 방법은 없다

대학에 다닐 때 한번은 방학을 앞두고 시급 1만 원을 준다는 아르바이트 구인 광고를 발견해 얼른 전화해봤다. 지금도 마찬가지겠지만 내가 대학에 다니던 때에 아르바이트 시급 1만 원은 상당히 큰돈이었다. 전화를 받은 사람은 다음 날 회사 설명회와 함께 면접이 있을 것이니 장소와 시간을 알려주며 오라고 했다. 다음 날 그곳에 가자 그 회사의 직원으로 보이는 사람 몇 명이 회사 입구에서 웬 강연장으로 나를 안내했다. 강연장에는 수십 명의 젊은 남녀가 모여 있었다. 모두 나처럼 시급 1만 원을 준다는 구인 광고를 보고 온 듯했다. 내가 들어선 뒤에도 사람들이 계속 들어왔다. 강연장이 사람들로 가득 찰 무렵 회사 입구에서 사람들을 안내했던 여자가 앞에서 마이크를 잡고 어수선한 분위기를 정리하더니 곧 사장이 와서 회사 설명회를 할 것이라고 말했다. 그리고 그 사장이라는 사람이 007가방처럼 각이 진 검정색 가방을 들고 등장했다. 그는 마이크를 잡고 한참 동안 젊은이의 패기가 어떻고 열정이 어떻고 하는 식의 강연을 했다. 그러던 중 보여줄 게 있다며 그가 들고온 가방을 열어 보였다. 가방 안에는 은빛으로 반짝이는 다양한 크기의 칼과 가위가 위아래로 가지런히 정리된 채 꽂혀 있었다. 그는 그것이 프랑스제라고 소개하면서 자신은 프랑스 파리에서 유학하던 중 그 칼과 가위를 팔아서 큰돈을 벌고 성공했다며 자랑했다. 그리고 아예 유학을 포기하고 한국에 돌아와 그것을 수입해 사업을 시작했다고 말했다. 그는 한국에서는 볼 수 없는 대단히 좋은 제품이라며 가위를 꺼내 10원짜리 동전의 테두리를 종이 자르듯 오려내는 시범까지 보였다. 그리고 당신들(아르바이트생들)이 할 일은 그 칼과 가위 세트를 들고 다니면서 가정주부에게 보여주고 그냥 소개만 하면 되는데, 사겠다는 아줌마가 있으면 주문을 받아오라고 했다. 그러면 한 세트를 팔 때마다 수당을 얼마씩 줄 것인데 한 달에 몇 개를 팔면 수당이 얼마니까 그것을 한 달 30일로 나누고 하루 여덟 시간으로 나누면 시급 1만 원이 될 것이라는 식으로 설명했다. 그 이상

주문을 받아오면 시급은 더 올라가는 셈이기 때문에 능력에 따라 더 많은 돈을 벌 수 있다고도 말했다. 그 대신 샘플로 들고 다닐 제품은 당신들이 직접 돈을 주고 사야 한다고 말했다. 그 가격이 얼마였는지 정확히 기억나지 않지만 상당히 비쌌다. 그 사장은 먼저 어머니에게 말씀 드려 하나씩 구입하고 고모나 이모에게 가서도 소개해보라고 했다. 나는 어처구니가 없어서 설명회가 끝나자마자 그곳을 빠져나왔다. 내 눈에는 그가 청년들에게 일자리를 주려는 게 아니라 물건을 몇 개라도 떠넘기려는 꼼수가 뻔히 보였다. 나는 그 외에도 돈을 많이 주겠다며 나처럼 젊은 사람들을 불러 모은 뒤 이상한 짓거리를 하는 인간을 여럿 만나 보았다. 하지만 나는 아무리 궁해도 그런 꾀에 넘어갈 만큼 순진하지 않았다. 나는 그런 비슷한 경험을 몇 번 한 뒤 사람을 혹하게 만들 만큼 돈을 많이 준다는 구인 광고에 다시 관심을 갖지 않았다.

최근 큰돈을 벌게 해주겠다는 불법 다단계 업체들의 꼬임에 속아 집단으로 합숙하며 다단계 판매 영업을 하다가 곤경에 처한 수천 명의 대학생들로 인해 사회적인 충격이 있었다. 일명 거마대학생 사건이다. 거마대학생은 국어사전에 등장할 만큼 이 시대 청년의 아픔을 상징적으로 보여주고 있다.

거마대학생

[명사] 서울 송파구 거여동, 마천동에서 합숙소 생활을 하며 불법 다단계
일을 하고 있는 대학생들. 약 5,000여 명에 이르며 85% 이상이
지방 출신이라고 한다.

(출처: 인터넷 다음 국어사전)

그들은 대부분 가정형편이 좋지 않은 대학생이라고 한다. 고단
한 생활을 하던 그들에게 조금만 노력하면 많은 돈을 벌 수 있다고
꾀이는 감언이설은 상당히 그럴 듯하게 들렸을 것이다. 아무리 강
인한 사람이라도 궁지에 몰리면 이성과 판단력을 잃고 상식적으로
납득하기 어려운 행동을 하는 경우가 있다. 등록금과 취업난에 시
달리며 암울하게 지내던 그들은 지친 마음을 의지하고 기댈 만한
무엇이 절실히 필요했을 것이다. 결국 그들은 그럴 듯하게 포장된
거짓 희망에 몸과 마음을 내주고 말았다. 불법 다단계 사업자들은
세상 물정을 모르는 순진한 대학생을 모아 집단생활을 시키며 서로
가 서로에게 가해자가 되고 피해자가 되도록 먹이사슬을 엮어놓았
다. 대학생들은 업자들이 시키는 대로 수백만 원씩 대출을 받아 터
무니없는 가격에 물건을 구입했고 친구와 선후배를 그 길로 끌어들
였다. 지금 그들에게 남은 건 아무 짝에도 쓸모없는 물건과 빚 그

리고 파탄 난 인간관계였다.

그동안 내가 보고 겪은 세상에는 정당한 수단을 통해 쉽게 돈을 벌 수 있는 방법은 없었다. 그리고 앞으로 내가 보고 겪을 세상에도 그런 방법은 분명히 없을 것이다. 만약 그렇지 않다고 주장하는 사람을 만나게 된다면 그는 100% 사기꾼이라고 생각하면 된다. 그는 당신의 살을 도려내고 피를 가져가려는, 그리고 당신의 영혼을 훔쳐 노예로 삼으려는 사악한 무리일 것이다. 또한 스스로 일확천금의 꿈을 꾸지도 말아야 한다. 지금 겪는 어려움을 한 방에 날려 버리려고 할수록 더 깊은 수렁에 빠지게 될 것이다.

시련은 나를 키우고
꿈은 나를 위로한다

서른 살, 보험설계사가 되다

.

.

.

대학 졸업을 앞두고 제약회사에서 최종 합격 통보를 받은 뒤 보름쯤 지났을까, 나는 떨리는 마음으로 신입사원 합숙 교육장소에 도착했다. 집합 시간보다 조금 일찍 도착했는데 곧 나와 함께 입사한 신입사원이 하나둘 모여들었다. 모든 신입사원이 한자리에 모이자 인사 교육 담당자는 교육 일정에 관해 안내한 뒤 각자 배정된 숙소에 짐을 풀고 다시 교육장소로 모이라고 했다. 그리고 그날부터 1개월 동안 회사에서 판매하는 약품, 기본적인 약학 및 의학 지식, 영업과 마케팅 방법 등에 관한 교육을 받았다. 신입사원 교육이 끝나는 마지막 순간까지 나는 솔직히 약품 영업을 잘할 자신이 없었다. 어렵게 취업했으니 열심히 해보자고 다짐했지만 과연 내가 잘할 수 있을까라는 의문이 더 컸다. 약품 영업은 밑바닥 영업이라는 식의 선입관도 나를 위축시켰다. 교육 기간 중에 다른 대기업의 추가 합격 통보를 받고 숙소를 떠나는 친구들을 보면 부럽기까지 했다. 하지만 지나고 보니 이는 내가 경험해보지 못한 일에 대해 느끼는 막연한 두려움일 뿐이었다. 어차피 나는 대학에 다니는 동안 진로를 정하지 못했다. 설령 진로를 정했더라도 취업 환경이 너무 안 좋았기 때문에 내가 일하고 싶은 업종이나 기업을 골라서 갈 수 있는 처지도 아니었다. 선택의 여지가 없었기 때문에 나를 선택해준 기업에서 살아남는 방법 외에는 당시 내가 할 수 있는 일이 아무것도 없었다. 그렇게 나는 다소 비관적인 심정을 갖고 제약회사에 입사했기 때문에 신입사원 교육을 마치는 순간까지 내가 약품 영업을 그렇게 잘하게 되리라고는 꿈에도 생각하지 못했다.

신입사원 교육을 마친 뒤 영업소를 배정 받고 첫 출근을 했다. 나는 로컬의원(개인병원)을 담당하는 영업소로 발령을 받았다. 1개월 동안 선임사원과 함께 인천, 김포, 강화도 등지를 돌아다니며 거래처 의원의 원장과 인사를 나눴고 거래처 인수인계를 마쳤다. 그리고 본격적으로 영업을 시작했다. 지금은 의약분업으로 의원에서는 처방만 하고 약국에서 약을 조제하지만 당시에는 의원에서 환자에게 처방할 약을 직접 구입하고 조제했던 때였다. 150여 곳의 거래처를 열심히 돌아다니면서 원장들에게 우리 회사 약품의 장단점을 설명하고 다른 제약회사의 경쟁 약품에 비해 어떤 점이 우수한지 알렸다. 우리 회사 약품의 처방량과 구입량을 늘리도록 다양한 방법을 동원해 설득하고 협상했다. 또한 거래가 없었던 의원도 반복해서 방문해 거래를 텄고 새로 개원하는 의원을 빠짐없이 찾아내 거래를 텄다. 저녁에는 원장들과 좋은 관계를 형성하고 유지하기 위해 매주 서너 번씩 거래처를 번갈아 가며 원장과 간호사에게 식사를 대접했다.

그리고 우리 회사 약품을 처방하지도 않으면서 기존에 들어갔던 약품 대금을 지불해주지도 않고 버티는 불량 거래처를 찾아다니며 선임사원이 수금하지 못한 약품 대금 잔액을 한 곳도 빠뜨리지 않고 전부 다 받아낸 뒤 거래를 정리했다. 그중 몇 곳은 우량 거래처로 바꾸어놓았다. 사실 의사들은 자신의 진료 분야와 관련이 있는 약품에 대해 제약회사 영업사원인 나보다 훨씬 더 잘 알고 있는 경우가 대부분이었다. 최고의 엘리트 집단이고 환자의 생명을 다루는 직업인데 자신의 진료 분야와 관련이 있는 약품에 대해 일개 영업사원인 나보다 더 많은 지식을 갖고 있는 것은 당연했다. 그렇기 때문에 영업의 성과는 약품의 우수성보다는 거래 관계에서 신뢰를 지키고 유대 관계를 잘 유지하는 게 가장 큰 관건이었다. 나는 그 일을 처음 생각했던 것보다 잘해냈다.

입사 첫해에 수많은 세일즈 성공 사례와 창의적인 마케팅 아이디어를 사내에 확산시켰고 그로 인해 회사 매출에 기여한 공로를 인정받아 특별상을 받았다. 다음 해에는 로컬의원 부문 최우수 영업 실적상과 함께 보너스를 두둑이 받았다. 그리고 곧 나는 20대의 태양을 보내고 30대의 새로운 태양을 맞이했다.

제약회사에서 영업을 경험한 뒤 나에게 영업적인 재능이 있다는 생각이 들었다. 한편으로는 내가 다른 영업사원보다 일을 더 열심히 하고 능력도 더 있는데 급여를 그들과 비슷하게 받는 게 공평하지 않다는 생가이 들었다. 지금 생각해보면 그것은 순전히 오만이었다. 하지만 당시에는 내가 그렇게 잘난 줄만 알았다. 사실 나는 약품 영업이 적성에 맞지는 않았다. 영업 실적에 대한 스트레스를 많이 받았고 거래처에서 종종 겪었던 불쾌한 경험이 마음에 상처가 되어 오랫동안 나를 힘들게 하기도 했다. 하지만 어렵게 취업했기 때문에 어떻게든 잘해보겠다는 생각으로 열심히 영업했다. 그러다 보니 다행히 좋은 성과가 있었고 성취감을 맛볼 수 있었다. 그런 경험을 한 뒤 나는 내 능력을 발휘해 약품 영업보다 더 큰 성취감을 경험할 수 있고 돈도 더 많이 벌 수 있는 다른 일을 해보고 싶었다.

　　그래서 생각했던 게 보험 영업이다. 보험 영업은 실적에 따른 수당을 받는 일이다. 기본급이라는 게 없기 때문에 실적이 없으면 급여도 없다. 반면에 실적이 많으면 급여의 상한선이 없다. 말 그대로 자신의 능력에 따라 급여가 결정되는 일이다. 나는 우선 그 점이 마음에 들었다. 그뿐만 아니라 생명보험이 무엇인지는 잘 몰랐어도 그동안 주변에서 사고로 가족을 잃거나 큰 병에 걸린 뒤 경제적인 어려움을 겪는 사람을 종종 보았기 때문에 생명보험이 힘든 일을 당한 사람에게 큰 도움이 된다는 인식을 분명히 갖고 있었다. 그리고 보험 영업을 하다 보면 금융전문가가 되어 유망한 길을 갈 수 있겠다는 막연한 기대도 함께했다. 그래서 제약회사에 사표를 내고 모 생명보험사에 입사했다. 사실 어렵게 취업한 첫 직장을 그만두고 새로운 일에 도전하는 게 두렵기는 했지만 해보고 안 되면 다시 제약회사로 돌아가면 된다고 생각했다. 당시 제약회사의 영업 상무님과 나를 채용할 때 면접관이었던 본부장님도 보험 영업이 쉬운 일이 아니니 열심히 해보되 잘 안 되면 다시 돌아오라고 했다. 나름 안전장치를 마련해둔 셈이었다. 그렇게 나는 서른 번째 새해를 맞이함과 동시에 보험설계사가 됐다.

왜 하필 나만?

생명보험사에 입사한 뒤 처음 한 달 동안 보험 상품과 영업에 관한 신입 설계사 교육을 받았다. 매일 아침 7시 전에 지점에 출근해 자정을 넘겨 퇴근하는 날이 대부분이었을 정도로 교육의 강도는 대단했다. 교육이라기보다는 차라리 훈련이라는 표현이 더 어울리는 상황이었다. 난생 처음 접해보는 보험에 관한 지식과 영업 방법을 1개월 만에 익혀야 했으니 그렇게 교육을 받았어도 시간이 넉넉하지는 않았던 것 같다. 그렇게 한 달 동안 군대의 신병 훈련과도 같은 강도 높은 교육을 마친 뒤 떨리는 마음으로 보험 영업을 시작했다.

신입 설계사 교육을 마친 뒤에도 매일 아침 7시 전에 지점에 출근해서 부족한 보험 지식을 채우고 상담 능력을 키우기 위해 공부했다. 그리고 가망 고객에게 전화를 걸어 그날 상담 약속을 확인하거나 새로운 상담 약속을 잡은 뒤 지점을 나섰다. 낮에 사람들을 찾아다니며 보험 상담을 마치고 지점에 복귀하면 저녁 9시를 넘기는 게 보통이었다. 그날 업무를 정리하고 나면 금세 자정을 넘기기 일쑤였다. 그렇게 주말이고 휴일이고 쉬는 날 없이 일했고 처음 2주 동안 매일 한 건 이상의 보험 계약을 체결했다. 그러던 어느 날이었다. 약속한 상담을 모두 마치고 차를 운전해 지점으로 복귀하던 중 고속도로 출구를 빠져 나와 국도에 진입했다. 그리고 곧 정지 신호 때문에 멈춰 섰는데 갑자기 '쾅' 하며 천둥 치는 듯한 굉음이 들렸고 내 차는 요동을 치며 앞으로 미끄러졌다. 이게 무슨 일인가 싶어 정신을 차리고 보니 흙을 가득 실은 덤프트럭이 내 차를 뒤에서 들이받은 것이었다.

그날 내 차는 반파된 채 견인되었고 나는 앰뷸런스에 실려 병원에 입원했다. 만약 고속도로 상에서 사고가 났다면 아마 나는 그때 죽었을지도 모를 일이다. 안전벨트 덕이었는지 다행히 외상은 없었다. 하지만 평소 허리에 경미한 디스크 탈출 증상이 있었는데 그날 사고 후 증상이 심해져 심한 허리 통증과 함께 한쪽 다리를 펴기 힘들 만큼 다리 근육이 땅기고 감각이 무뎌지는 증상이 생겼다. 병원에서 몇 가지 검사를 한 결과 허리 디스크가 심하게 탈출되었기 때문에 수술하는 게 좋겠다는 의사의 권고를 들었다. 그러나 당시 나의 머릿속에는 몸에 대한 걱정보다는 빨리 나가서 상담 약속을 잡은 사람을 만나야 한다는 생각으로 가득 차 계속 병원에 누워 있기 어려웠다. 그래서 의사의 수술 권유를 뒤로 한 채 퇴원했고 한쪽 다리를 절뚝거리면서 사람들을 찾아다니며 보험 상담을 계속했다. 그 결과 영업을 시작한 첫 달에 지점의 설계사 수십 명 중 가장 많은 보험 계약을 체결할 수 있었다. 하지만 며칠 뒤 심한 통증을 견디지 못하고 병원에 다시 입원해 허리 수술을 받았다.

의사는 2주 정도 지나면 퇴원할 수 있고 한 달 정도 지나면 다시 정상적으로 생활할 수 있을 것이라고 말했다. 하지만 그의 말과는 달리 한 달이 지나도 겨우 걸을 수 있었을 뿐 허리 통증이 심해서 몸을 제대로 움직이기가 힘들었다. 설상가상으로 수술 부위에 물이 차서 물을 빼내는 시술까지 받았다. 그렇게 몸의 회복이 늦어지자 장애인이 될지 모른다는 두려움이 나를 괴롭히기 시작했다. 장애인이 되는 악몽을 꾸다가 잠에서 깨기도 했다. 불안한 마음에 의사에게 언제쯤 회복이 되겠냐고 매일 물었지만 그는 자신의 경험상 내가 특이한 경우에 속한다고 말했다. 교통사고 후유증 때문에 다른 환자에 비해 회복 기간이 오래 걸리는 것 같으니 기다려보는 수

밖에 없다고 말했다. 그리고 얼마 후 그는 내가 병원에 계속 입원해 있어도 물리치료 외에는 특별히 해줄 게 없으니 원한다면 퇴원하라고 했다. 그렇게 나는 한 달 넘게 병원에서 누워 지냈고 퇴원 후에도 두 달 동안 자취방에서 누워 지냈다. 나는 교통사고 사실과 수술 사실을 가족에게 알리지 않았기 때문에 입원해 있는 동안은 물론 퇴원 후에도 자취방에서 혼자 지냈다. 거의 하루 종일 누워 지내다시피 하면서 혼자서 밥을 해 먹고 혼자서 책을 읽고 혼자서 TV를 보고 혼자서 잠을 잤다. 그리고 주말이 오기만을 기다렸다. 왜냐하면 당시 여자 친구였던 아내가 주말마다 나를 찾아와 식사를 챙겨주고 말벗이 되어주었기 때문이다. 그 3개월이 지금까지 내 인생에서 가장 고통스럽고 힘든 시간이었다. 그때 '하늘은 나를 좀처럼 도우려고 하지 않는구나'라는 생각이 들었다. 힘들었던 20대를 겨우 해피엔딩으로 끝내는가 싶었는데 30대의 막이 열리기가 무섭게 쓰나미처럼 밀려든 또 다른 시련은 나를 집어삼킬 것만 같았다. 왜 내가 그런 고통을 겪어야 하는지, 도대체 왜 하필이면 나인지 생각할수록 화가 났고 그 상황을 받아들이기 힘들었다.

다행히 수술 후 3개월을 넘어서자 바깥에 돌아다니며 활동하는 데 큰 문제가 없을 정도로 몸이 회복됐다. 하지만 여전히 허리는 불편했고 통증도 사라지지 않았다. 다른 병원에 찾아가 몇 가지 검사를 받아봤지만 수술은 깨끗하게 잘 되었다는 말을 들었다. 그런데 왜 계속 허리가 불편하고 통증이 사라지지 않느냐고 의사에게 묻자 그 이유는 정확히 알 수 없다고 대답했다. 답답하기 짝이 없었다. 그리고 계속 쉬기만 한다고 나을 병이 아니라는 생각이 들었다. 무엇보다 아픈 몸으로 그렇게 오랫동안 혼자 지내다 보니 정말 미칠 것만 같았다. 게다가 갖고 있던 돈이 바닥을 드러내고 있었기 때문에 생계를 걱정해야 할 지경이었다. 그래서 일단 다시 일을 시작하기로 결심하고 복직했다.

복직 후 나는 그 전처럼 강행군을 했다. 내가 이기는지 아픈 몸이 이기는지 시험이라도 하듯 사력을 다해서 일했다. 사무실에 가장 먼저 출근하는 사람은 언제나 나였고 마지막에 사무실의 등을 끄고 나가는 사람도 나였다. 나는 거의 매주 그리고 매달 지점의 설계사 중 가장 많은 보험 계약을 체결했다. 지점장은 이런 나를 칭찬하며 영업 실적이 좋지 않은 다른 설계사를 환자보다 영업을 못한다는 식으로 나무라기까지 했다. 하지만 나의 이런 강행군은 오래가지 못했다. 그렇게 서너 달이 지났을 무렵 앉아 있기도 힘들 만큼 허리 통증이 심해져 병가를 내고 다시 드러눕고 말았다. 그리고 한참 동안 이런 생각을 했다.

‘역시 하늘은 내 편이 아니구나.’

시련이 닥칠 땐 납작 엎드려라

병가를 내고 다시 누워 지내는 동안 여러 생각이 마음을 오갔다. 그러던 어느 날 문득 나는 꿈 없이 살고 있다는 생각이 들었다. 나 자신에게 꿈이 무엇이냐고 아무리 묻고 또 물어도 답은 들려오지 않았다. 내가 무엇을 잘하는지, 무엇을 할 때 즐거운지, 무엇을 이루고 싶은지, 무엇을 하며 살아야 행복할지 등. 서른 살이 되도록 나 자신에 대해 제대로 아는 게 없었다. 그리고 한 가지 의문만 남았다.

'그러면 나는 도대체 무엇을 위해 살고 있는가?'

제약회사에 간신히 취업했을 때는 그곳에서 낙오하면 나는 더 이상 갈 곳이 없다는 절박감이 있었다. 그리고 그 절박감이 휘두르는 채찍에 쫓겨 열심히 약품 영업을 했다. 보험설계사가 된 뒤에는 꼭 성공해서 돈을 많이 벌겠다는 목표가 있었다. 그 목표를 좇으며 나 자신을 스스로 혹사하듯 아픈 몸을 살피지 않고 열심히 보험 영업을 했다. 하지만 그 어디에도 내가 꿈이라고 말할 수 있는 것은 보이지 않았다. 다만 절박감 때문에 살아야 하고 돈을 많이 벌기 위해 살아야 하는 삶은 내가 원하는 삶이 아닌 것만은 분명했다. 그 사실을 깨닫자 나는 절실히 이루고 싶은 꿈을 찾고 싶다고 생각했다. 생각만 해도 가슴이 두근거리고 상상만 해도 감동이 벅차오르는 그런 꿈을 찾고 싶었다. 하지만 어디서 어떻게 그것을 찾을 수 있을까? 지난 30년 동안 찾지 못한 꿈을 지금 시작해 과연 언제 찾아낼 수 있을까? 이런 생각이 깊어질수록 아픈 몸과 답답한 마음은 더 무거워지기만 했다.

당시에는 하루하루가 너무 고통스러웠지만 지금 생각해보면 그때의 쓰디쓴 시련은 나를 강하게 단련시켰다. 마치 뜨거운 불에 달궈진 붉은 쇳덩이가 대장장이가 연이어 내리치는 망치를 맞으면서 단련되듯 나는 그렇게 단련되어가고 있었던 것이다. 이제 나는 어려운 일을 겪더라도 웬만큼 고통스럽지 않고서는 그것을 시련으로 받아들이지 않는다. 그냥 견딜 만한 힘든 일쯤으로 생각할 뿐이다.

시련에 대해 면역력이라도 생긴 것 같다. 그리고 나는 지금까지 크고 작은 시련을 겪으면서 시련을 이겨내는 가장 좋은 방법이 무엇인지 깨달았다. 그것은 나에게 시련이 닥쳤을 때 그것과 맞서 싸우려고 하거나 저항하려 하지 말고 시련이 지나가기를 참고 기다려야 한다는 것이다. 시련은 마치 투견장의 싸움개처럼 내가 맞서 싸우려고 할수록 더욱 사나워졌고 저항하려고 할수록 더욱 세차게 나를 밀어붙였다. 그런 노력은 오히려 나를 더 힘들게 만들 뿐이었다. 하지만 어떤 시련이든 나를 괴롭히다가도 때가 되면 제 풀에 지쳐서 스스로 물러갔다. 내가 그것을 이겨내려고 몸부림을 치지 않더라도 시간이 지나면 그렇게 지나가버렸다. 나는 이런 사실을 깨달은 뒤부터 어려운 일이 생기면 그것과 싸워 이기려고 하지 않았다. 시련의 존재를 있는 그대로 받아들이고 결국은 지나갈 것이라고 믿으며 참고 기다렸다. 그리고 그것에 관심을 주지 않기 위해 내가 해야 할 다른 일에 몰입하며 매달렸다. 지금까지 그렇게 해서 이겨내지 못한 어려움은 없었다.

시련은 대개 나의 의지와는 상관없이 찾아온다. 그렇기 때문에 그것이 지나가는 것도 나의 의지와는 크게 상관이 없는 것 같다. 비록 시련이 내 곁에 머무는 동안 힘들고 괴롭더라도 그것이 지나가기를 기다리며 다른 일에 관심을 쏟다 보면 어느 순간 시련은 수

명이 다한 태풍처럼 소용돌이를 멈추고 자취를 감추어버린다. 싸우지 않고 이기는 것이 진정한 승리라는 손자의 병법처럼 시련이 닥치면 싸워서 이기려고 하지 말고 시련이 지나가기를 참고 기다려야 한다. 나는 그것이 시련을 이기는 가장 좋은 방법이라고 생각한다.

어른이 돼서야 비로소 꿈을 생각하다

꿈? 그게 어떻게 네 꿈이야, 움직이질 않는데. 그건 별이지. 하늘에 떠 있는, 가질 수도 없는, 시도조차 못하고 쳐다만 봐야 하는 별. 지금 누가 황당무계한 별나라 이야기 하재? 네가 뭔가를 해야 될 거 아니야. 조금이라도 부딪히고 애를 쓰고 하다못해 계획이라도 세워봐야 거기에 너의 냄새든 색깔이든 발라질 거 아니야. 그래야 네 꿈이다 말할 수 있는 거지. 아무거나 갖다 붙이면 다 네 꿈이야? 그렇게 쉬운 거면 의사, 박사, 변호사, 판사 몽땅 다 갖다 네 꿈 하지 왜? 꿈을 이루라는 소리가 아니야. 꾸기라도 해보라는 거야.

-MBC 드라마 '베토벤 바이러스' 중에서

꿈이라는 단어처럼 사람들이 흔하게 듣고 말하는 단어도 드물 것이다. 하지만 주변을 둘러보면 절실히 이루고 싶은 꿈이 있다고 말하는 사람을 찾아보기란 쉽지가 않다. 참 이상하지 않은가? 그 흔해빠진 꿈을 갖고 있는 사람이 그리 많지 않다는 사실이 말이다. 나의 경우만 봐도 그렇다. 초등학교 때 내 꿈은 판사가 되는 것이었다. 이유는 기억나지 않는다. 어른들이 '너는 커서 뭐가 되고 싶니?'라고 물으면 으레 판사가 되겠다고 대답했다. 중학교 때는 과학자가 되는 게 꿈이었다. 과학과 수학 성적이 제법 괜찮았던 나는 뉴턴처럼 훌륭한 과학자가 되고 싶었다. 고등학교 때는 명문 대학에 진학하는 게 꿈이었다. 그리고 대학교 때는 대기업에 취업해서 지긋지긋한 가난에서 벗어나는 게 꿈이었다. 하지만 취업한 뒤 나의 꿈은 어디론가 사라져버렸다. 아무 흔적도 남기지 않고 깨끗이 지워져버렸다. 그런데 사실 나의 꿈은 사라진 게 아니었다. 처음부터 나는 꿈을 꾸어본 적이 없었다. 꿈이 없는데 그것이 사라질 리도 없다.

꿈이라는 것은 절실히 이루고 싶은 무엇이다. 그것을 이룬 나의 모습을 상상만 해도 감동을 느낄 수 있는 그 무엇, 그게 바로 꿈이다. 나는 서른 살이 되도록 그런 꿈을 꾸어보기는커녕 찾으려고 노력해본 적도 없었다. 무엇엔가 쫓기듯 치열하게만 살아왔을 뿐이다. 마치 어디로 향하는지도 모른 채 눈을 가리고 사력을 다해 달리기만 하는 경주마처럼 살아왔다. 그러던 어느 날 문득 이런 나의 삶이 공허하다는 생각이 들었다.

나는 모든 사람이 꼭 절실한 꿈을 꾸어야 한다고 생각하지는 않는다. 나는 인생의 가장 중요한 가치는 행복이라고 생각한다. 그렇기 때문에 절실히 이루고 싶은 꿈이 없더라도 또는 그런 꿈이 있지만 평생 이루지 못하더라도 자신의 삶에 만족하고 행복을 느낀다면 성공한 인생이라고 생각한다. 하지만 꿈을 꾸지 않는 사람은 그것이 주는 감동을 평생 느껴보지 못할 게 아닌가? 또한 그 꿈이 정말 실현되었을 때 경험할 수 있는 감격 역시 평생 느껴볼 기회조차 갖지 못할 게 아닌가? 꿈이 주는 감동과 감격을 직접 경험해본 나로서는 꿈을 꾸지 않고 사는 사람이 얼마나 안타깝게 여겨지는지 모른다.

나와 아내는 결혼 후 4년이 지나서야 아기가 생겼다. 우리 부부의 건강에는 전혀 이상이 없었지만 좀처럼 임신이 되지 않았다. 한동안 체념하다시피 하며 아기를 낳지 못하면 우리끼리 즐겁게 잘 살면 된다고 생각했다. 그런데 어느 날 아내가 임신하고 열 달 뒤 두 주먹을 꼭 쥐고 태어난 아기를 본 순간 우리 부부는 누가 먼저랄 것도 없이 감격의 눈물을 쏟았다. 그뿐만 아니라 아기가 자라면서 우리 부부에게 주는 감동과 기쁨은 말로는 도저히 표현할 방법이 없을 만큼 크다. 만약 우리 부부가 평생 아기를 갖지 못하고 산다면 죽을 때까지 그런 기쁨을 느껴보지 못할 게 아닌가? 생각만 해도 그런 나의 삶이 안타깝게 여겨진다. 나의 주변에는 결혼 후 10년이 넘도록 아기를 갖지 못해 임신을 포기하고 오랜 망설임 끝에 아기를 입양해서 키우는 지인이 있다. 마흔이 넘어서 아기를 입양한 그와 그의 아내는 아기가 자라면서 부모에게 주는 기쁨이 이렇게 클 줄 몰랐다며 나와 똑같은 말을 한다. 그 지인 역시 선택에 따라서는 평생 아기를 키우는 기쁨이 무엇인지 모른 채 살다가 죽을 게 아닌가? 정말 그렇다면 그는 자신의 삶이 얼마나 안타깝게 여겨졌겠는가?

나는 꿈을 꾸는 일도 마찬가지라고 생각한다. 꿈이 주는 감동과 감격을 직접 경험해본 사람들은 꿈을 꾸지 않는 사람을 보면 안타까움을 느끼는 게 당연하다. 그래서 그들은 늘 사람들에게 꿈을 꾸어보라고 말한다. 그리고 자신의 꿈이 무엇인지 모르겠거든 포기하지 말고 찾아보라고 말한다. 나 또한 그중 한 사람이다. 꿈을 찾기 위한 노력을 시작하는 데 늦은 나이는 없다. 그렇기 때문에 조급해할 이유가 없으며 당장 눈에 보이지 않는다고 실망할 필요가 없다. 절실히 이루고 싶은 꿈을 찾으려는 의지가 있고 그것을 꾸어볼 열망이 간절하다면 그것으로 일단 꿈을 이룰 준비가 된 것이다. 이후의 일은 하늘이 결정할 것이다. 나에게 어느 날 문득 꿈을 찾고 싶다는 생각이 들었던 것처럼 내가 찾던 꿈도 어느 날 우연히 내 앞에 모습을 드러냈다. 그리고 아주 우연한 과정을 통해 그 꿈을 이루게 됐다. 나는 이 모든 게 하늘이 도왔기 때문이라고 생각한다. 내가 이런 말을 한다고 해서 오해는 말기 바란다. 나는 망상가가 아니다. 또한 신의 존재를 믿지만 하나님을 믿으면 천국에 가고 그렇지 않으면 지옥에 간다는 식의 믿음을 갖고 있지는 않다. 다만 사람이 하는 일 중에는 자신의 노력과 의지만으로 할 수 있는 일이 있는 반면 아무리 노력하고 매달리더라도 하늘이 돕지 않으면 할 수 없는 일이 있다고 생각한다. 그리고 절실한 꿈을 찾고 그것을 이루는 것은 하늘이 도와야 가능한 일이라고 생각한다. 파울로 코엘료가 그의 소설 『연금술사』에서 '무언가를 간절히 원할 때 온 우주는 그 소망이 실현되도록 도울 것이다'라고 한 말이 결코 허튼 소리가 아니라는 사실을 나는 경험을 통해 믿게 됐다.

안 된다는 말에 속지 마라

　병가를 마치고 지점에 복귀한 뒤 나는 그전처럼 강행군하지 않았다. 몸이 여전히 불편했기 때문에 나 자신을 더 이상 혹사하지 말아야 한다는 생각이 들었다. 무엇보다 건강이 우선이라는 생각이 앞섰다. 그래서 당장 무엇인가를 성취해야 한다는 급한 마음과 영업 실적에 대한 욕심을 버리고 마라톤 선수처럼 나의 체력에 맞는 적절한 페이스를 유지하며 뛰겠다고 다짐했다. 또한 제약회사의 영업사원으로 근무할 때부터 보험설계사가 된 그때까지 다른 사람과 영업 실적을 두고 순위 경쟁을 하는 것에도 지쳐 있었다. 더 이상 다른 사람과 경쟁하면서 살고 싶지도 않았다. 당시 나는 몸과 마음이 모두 피로한 상태였다. 이후 나의 영업 실적은 그전에 비해 많이 줄었고 급여 역시 줄었다. 솔직히 말하면 그로 인해 스트레스를 많이 받았던 게 사실이지만 당장 눈앞에 보이는 결과물보다는 멀리 보고 가야 한다는 생각을 반복하면서 나 자신을 다독였다.

시간이 지나면서 몸은 천천히 회복되어갔고 어느 날부터는 조깅을 하고 산에 오르는 등 정상적인 생활을 할 수 있게 됐다. 그러는 동안 영업 실적도 꾸준히 상승세를 탔고 제약회사에서 받았던 급여보다 훨씬 더 많은 급여를 받을 수 있는 정도의 실적을 유지할 수 있게 됐다. 그렇게 1년여의 시간을 보낸 뒤 나는 결혼했다.

결혼 후 몇 달이 지났을 때 우연히 '재무설계'라는 용어와 '재무설계사'라는 직업에 대해 알게 됐다. 지금은 보험사, 은행, 증권사 등 대부분의 금융회사가 직원에게 재무설계에 관한 교육을 시키고 재무설계사 자격증 취득을 장려하고 있지만 내가 보험설계사로 근무할 때만 해도 재무설계는 생소한 용어였다.

나는 재무설계가 무엇이며 재무설계사가 어떤 직업인지 궁금해 인터넷을 통해 상세히 정보를 검색해보았다. 재무설계는 금융업이 발달한 미국에서 생긴 용어이며 재무설계사는 보험뿐만 아니라 투자, 부동산, 은퇴, 세금, 상속 등 돈을 관리하는 데 필요한 다양한 영역의 전문지식을 갖추고 사람들에게 재무 상담 서비스를 제공하는 직업이었다. 당시 보험상품 외에는 별다른 전문지식이 없었던 나는 늘 금융전문가가 되고 싶다는 갈증을 느끼고 있었다. 그런 나에게 재무설계사라는 직업은 상당히 신선하게 다가왔다. 그리고 미국 재무설계사협회의 국제공인재무설계사(CFP) 자격증 제도를 국내에 도입해 시험을 주관하고 관리하는 재무설계사협회가 우리나라에도 있다는 사실을 알게 됐다.

나는 가장 빠른 시험 일정을 확인한 뒤 재무설계사 자격증 시험 과정을 운영하는 교육기관을 찾아 바로 수강 등록을 했다. 그리고 낮에는 일하고 저녁에는 묵묵히 공부했다. 그 결과, 몇 달 뒤 국제 공인재무설계사 자격증 시험의 1차 시험 격인 공인재무설계사(AFPK) 자격증 시험에 합격했다.

시험을 준비하는 데 들인 시간은 길지 않았지만 재무설계에 관해 공부하면서 그동안 보험설계사로 근무하면서는 듣지도 보지도 못했던 새로운 지식을 습득했다. 공부하면서 재미있다고 느껴본 게 참으로 오래간만의 일이었다. 그리고 그때부터 만나는 사람들에게 나를 재무설계사라고 소개했다. 또한 무척 어설펐지만 보험 상담을 하면서 돈을 관리하고 투자하는 데 도움이 될 수 있는 재무 상담을 함께 하기 시작했다. 당시 나와 함께 근무했던 보험설계사와 관리자 중에는 재무 상담을 해 본 사람이 아무도 없었기 때문에 조언을 구하거나 노하우를 배울 만한 대상이 없었다. 그래서 나는 재무설계사 자격증 시험을 준비하면서 얻은 얕은 지식을 활용해 사람들에게 재무 상담을 해주면서 하나둘씩 스스로 배워나갔다. 또한 친구와 지인을 찾아가 재무설계가 무엇인지 설명하며 그들의 회사 동료 중 관심이 있을 만한 사람들을 퇴근 시간 이후에 한자리에 모아달라고 부탁했다. 그러면 내가 재무설계에 관한 강의를 해주겠다고 제안했고 그로 인해 사람들 앞에서 강의할 기회가 종종 생겼다. 그때마다 나는 사람들에게 재무설계 전문가처럼 보이기 위해 충실히 준비해서 열심히 강의했다. 비록 강사비는 한 푼도 받지 못했지만 사람들 앞에서 재무설계에 관해 강의하는 것 자체가 재미있었기 때문에 기회가 될 때마다 지방의 먼 곳이라도 마다하지 않고 찾아가 강의했다.

한편으로 그 무렵 나는 보험 영업에 지쳐가고 있었다. 정확히 말하면 보험 영업을 하면서 매일 부딪히는 사람들의 거절에 지쳐가고 있었다. 상담 약속을 잡기 위해 가망 고객에게 전화를 걸면 열 명 중 열 명이 내가 찾아오는 것을 일단 거절했다. 그렇다고 수화기를 바로 놓아버리면 속된 말로 정말 밥을 굶어야 했기 때문에 5분 정도의 짧은 통화를 하면서 나를 만나면 어떤 이득이 있는지를 열심히 설명하며 상담을 받아보라고 설득했다. 그러면 그중 일고 여덟 명 정도는 관심을 보이며 한번 와보라고 했다. 하지만 그렇게 상담 약속을 잡아도 약속 당일에 전화를 걸면 약속을 미루거나 취소하는 사람이 있었고 전화를 아예 받지 않는 사람도 있었기 때문에 실제로 만날 수 있었던 사람은 그보다 적었다.

보험 영업뿐만 아니라 어떤 업종에서 영업을 하더라도 세일즈맨은 늘 사람들의 거절에 부딪힌다. 그것을 당연하게 여기고 극복하지 못하면 세일즈맨으로서는 성공할 수 없다는 게 보험업계에서는 정설로 통한다. 실제로 좋은 실적을 유지하며 장기 근속하는 보험설계사를 보면 사람들에게서 거절당하는 일을 당연한 것으로 여기고 웬만해서는 마음 상해 하지 않는다. 그런 보험설계사는 직장인이라면 평생 받아보기 어려운 고액의 연봉을 받는 경우가 많다. 그런데 나는 제약회사에서 약품 영업을 할 때부터 세일즈맨에 대한 사람들의 본능적인 거절을 당연한 것으로 받아들이며 지내왔지만 시간이 지날수록 거절에 익숙해지기보다는 오히려 마음에 상처를 받는 일이 늘어났다.

하지만 아이러니하게도 사람을 만나서 보험 상담을 하는 일은 재미있었다. 사람들과 상담 약속을 잡는 과정은 힘들었지만 일단 나와 마주 앉아 보험 상담을 한 사람들은 보험에 가입을 하건 하지 않건 대체로 내게 호감을 표시했다. 그리고 내가 자신들이 그동안 보아온 보험설계사와는 다른 점이 많으며 전문가답게 상담한다는 말을 종종 들었다. 특히 재무설계사 자격증을 취득하고 재무 상담을 흉내 내기 시작한 뒤에는 그런 말을 더 자주 듣게 됐다. 이런 나를 보고 보험 영업에 관심을 갖기 시작해 잘 다니던 직장을 그만두고 보험설계사가 된 사람도 있었다. 그런 이유 때문에 나는 보험 상담에는 재미를 느꼈지만 보험 영업을 하는 과정에서 늘 부딪히고 넘어서야 했던 거절은 점점 나를 지치게 했다.

앞서 말했듯 보험 영업과 거절은 동전의 양면과도 같은 것이다. 둘은 서로 떼려야 뗄 수가 없는 관계다. 그럼에도 나는 사람들에게 거절을 받지 않으면서 보험 영업을 잘할 수 있는 방법이 있을 것이라고 생각했다. 그리고 그 답은 단순해보였다. 내가 먼저 사람들에게 전화를 걸어 상담을 받아보라고 설득하는 게 아니라 사람들이 스스로 내게 전화를 걸어 상담을 요청하도록 만들면 가능한 일이었다. 하지만 당시 나와 함께 근무했던 어느 누구도 이런 나의 생각에 동의하지 않았다. 몸이 아파서 보험에 가입하고 싶어 안달이 났거나(이런 사람은 보험회사에서 보험 가입을 받아주지 않는 경우가 대부분이다) 보험사기꾼이 아닌 이상 스스로 보험설계사에게 전화를 걸어 보험 상담을 요청하려는 사람이 과연 몇 명이나 되겠냐는 식이었다. 왜 사람들은 모두 안 된다는 말만 하는가? 나에게 가능성이라도 있다고 말하는 사람조차 없었다. 이후 나는 함께 근무했던 보험설계사와 관리자 앞에서 그런 이야기를 다시 꺼내지 않았다.

베스트셀러 작가의 꿈

　그러던 어느 날 나에게 사건이 하나 생겼다. 당시 1년쯤 전에 나에게 보험을 가입했던 한 자영업자 부부가 있었다. 편의상 남편을 A, 부인을 B라고 하자. 나는 그들의 집을 세 번 이상 방문해서 보험 상담을 했다. 그들은 오전 늦게 일을 나가서 밤 10시나 되어야 집에 돌아왔기 때문에 상담은 모두 밤에 진행되었고 자정을 넘겨서 끝나기도 했다. 나는 평소 하던 대로 성심껏 보험 상담을 했고 그들은 나의 상담과 내가 설계해준 보험 내용에 대해 매우 만족스러워 했다. 그리고 부부가 함께 보험 계약을 체결했다. 계약을 체결한 날 A는 집 밖까지 나와서 나를 배웅했다. 매번 밤늦게 찾아오라고 해서 미안하고 애써줘서 고맙다는 말을 하며 허리를 굽혀 인사까지 했다. 그런데 약 1년 정도 시간이 흐른 어느 날 B에게서 전화가 걸려왔다. 그리고 나에게 가입한 보험이 문제가 있는 것 같다고 말했다. 당시 나는 그녀가 한 말을 잘 알아듣지 못해 전화로 할 이야기가 아닌 것 같으니 만나서 이야기하자고 말한 뒤 전화를 끊었다. 그리고 다음 날 늦은 밤에 그들 부부의 집을 방문했다.

자리에 앉자마자 B는 내가 설계해준 보험이 문제가 있다며 이것저것 트집을 잡기 시작했다. 나는 그녀가 문제라고 말하는 점에 대해 하나하나 답변하고 왜 내가 그렇게 설계했으며 계약을 체결할 때 그들도 충분히 검토한 뒤 가입하지 않았냐고 물었다. 대화를 나눌수록 B는 자신이 할 말이 부족해지자 다른 설계사는 보험료를 몇 달씩 대신 내주는 경우도 많은데 나는 보험료를 대신 내주기는커녕 선물 하나 사오지 않았다며 이상한 방향으로 화제를 돌렸다. 나는 보험 가입에 대한 대가로 보험료를 대신 내주거나 고가의 선물을 하는 것은 불법이기 때문에 지금까지 그렇게 할 생각을 해본 적이 없으며 앞으로도 그럴 일이 없을 것이라고 말했다. 하지만 B는 계속 앞뒤 가리지 않고 막무가내로 나왔다. 그리고 급기야 내가 그들 부부에게 사기를 쳤다고 말했다. 나는 너무 화가 났지만 흥분하지 않으려고 애쓰며 계속 정중히 응대했다. 하지만 서로의 입장 차이가 너무 컸기 때문에 그 자리에서 결론을 낼 수 있는 문제가 아니었다. 밤은 깊어가는데 그 자리를 어떻게 정리하고 나와야 할지 도무지 알 수가 없었다.

그러던 중 B가 잠시 자리를 비운 사이 옆에서 아무 소리 않고 지켜만 보던 A가 입을 열었다. 그는 B의 친동생이 얼마 전에 보험설계사가 되었는데 매일 가게를 찾아와 나에게 가입한 보험을 해약하고 자신에게 보험을 들어달라고 조르고 있다고 말했다. 그래서 저러는 것이니 자신이 B에게 이야기를 잘해보겠다며 그만 돌아가라고 말했다. 나는 그제야 B가 왜 저렇게 난리를 치는지 알 수 있었다. 동생에게 보험을 들어주기 위해 나에게 가입한 보험을 해약하려고 보니 그동안 냈던 보험료를 손해 보는 게 아까워서 나를 사기꾼 취급하며 어떻게든 보험료를 돌려받을 궁리를 하고 있었던 것이다. 나는 더 이상 그 자리에 앉아 있을 이유가 없다고 판단했다. 그래서 그들 부부에게 그동안 냈던 보험료를 전부 돌려줄 테니 내일 당장 해약하라고 말한 뒤 그 집을 나왔다. 내가 사비를 털어서까지 그들이 낸 보험료를 돌려줘야 할 이유가 전혀 없었고 또한 그렇게 해서도 안 되는 일이었지만 자존심이 너무 상해서 그들과의 관계를 하루라도 빨리 깨끗이 정리해버리고 싶었다. 나는 다음 날 은행에 들러 1만 원 권 100장 묶음 여러 다발을 인출해서 가방에 넣고 그들의 가게를 찾아갔다. 그리고 빈 테이블에 돈다발을 하나씩 던져 주며 세어 보라고 말했다. 그러자 B는 돈다발을 주섬주섬 챙기며 이렇게 알게 된 것도 인연인데 밥이라도 먹고 가라며 정신 나간 소리를 했다. 나는 해약신청서에 두 사람의 서명을 받은 뒤 아무 말 없이 가게를 나왔다.

아내는 내가 그 사건 때문에 며칠 동안 밥도 제대로 못 먹고 힘들어하는 모습을 보면서 대략 이렇게 말했다.

"여보, 예전에 나한테 했던 말 기억나? 적성에 맞지 않는 일을 그렇게 힘들게 할 필요가 있냐고 했잖아. 내가 보기에 당신은 보험 영업이 적성에 맞지 않아. 그것도 아주 많이 맞지 않아. 돈 많이 안 벌어 와도 좋으니까 차라리 그만두고 다른 일을 해보는 게 어때?"

아내의 말을 듣고 나는 많이 고민했다. 아내의 말은 사실이었다. 나는 평소 아내에게 힘들다고 내색한 적이 거의 없었지만 늘 곁에서 나를 지켜보던 아내는 그 사건이 있기 전부터 이미 나의 상황을 이해하고 있었던 것이다. 나는 제약회사에 근무할 때부터 영업이 적성에 맞지 않는다고 생각했다. 그래도 잘해보려고 열심히 영업을 했다. 또한 '세상에 자신의 직업이 적성에 잘 맞아서 즐겁게 일하며 사는 사람이 몇 명이나 되겠는가, 힘들어도 먹고 살려고 다들 그렇게 바둥거리며 사는 게 아닌가'라고 생각하며 지내왔다. 하지만 언제까지 아래로 급하게 흐르는 강물을 위로 거슬러 오르려는 듯 내 마음이 심하게 저항하는 일을 하면서 살아갈 것인가? 설령 그렇게 살면서 부귀영화를 누린들 나는 과연 행복하다고 말할 수 있을까? 게다가 당시 허리 통증이 도져서 몸도 많이 안 좋은 상태였다. 그렇게 몇 달 동안 고민한 끝에 결국 보험 영업을 그만두기로 결정했다. 나에게 보험을 가입했던 사람들에게 보험 계약을 오랫동안 관리해주지 못해서 미안하다는 말을 어렵게 꺼냈다. 그리고 회사를 그만둘 것임을 알렸다. 그런데 당시 나 자신이 생각해도 참 희한했던 사실은 그동안 나는 제약회사를 떠나 보험설계사가 된 것에 대해 후회해본 적이 한 번도 없었다는 점이다. 보험 상담은 재미있었고 재무설계에 관한 공부를 하고 나서는 재무 상담과 강의 활동에 큰 매력을 느꼈다. 다만 보험 영업을 하면서 일상이 되어버린 사람들의 거절과 그로 인해 생기는 마음의 상처가 힘들었던 것이다. 공인재무설계사 자격증을 취득한 뒤에도 그런 상황은 크게 달라지지 않았다. 그래서 나는 사람들에게서 거절을 받지 않으면서 재무 상담과 강의 활동을 할 수 있는 방법을 찾아야겠다는 생각이 간절했다. 그리고 만약 내가 책을 써서 『부자아빠 가난한 아빠』의 작가 로버트 기요사키처럼 재테크 분야의 베스트셀러 작가가 된다면 그것이 가능하리라는 생각이 들었다. 하지만 아무리 생각해봐도 나에게 그런 일이 일어날 것 같지는 않았다. 나는 한글을 뗀 이후로 그 흔한 독후감 한 번 써본 기억이 없었다. 글이라고는 학교에 다닐 때 노트 필기를 해본 것과 취업하기 위해 자기소개서를 써본 게 사실상 전부였다. 그런 내가 어떻게 수백 장 분량의 책을 쓸 수 있단 말인가? 설령 책을 쓴다 해도 아무런 명성이 없는 내가 쓴 책이 어떻게 베스트셀러가 될 수 있겠는가? 내 가슴은 그런 일이 일어나기를 간절히 원했지만 머리는 자꾸 안 된다고 고개를 저었다.

나는 아내의 동의를 얻어 당분간 일을 하지 않고 쉬기로 마음먹었다. 그리고 국제공인재무설계사 자격증 시험을 준비했다. 그 전에 치렀던 공인재무설계사 자격증 시험과는 비교가 안 될 만큼 공부할 양이 많았고 내용도 어려웠지만 다행히 처음 본 시험에서 합격했다. 이후 모 증권사에 입사해 잠시 계약직 사원으로 근무하던 중 보험 영업 경력과 국제공인재무설계사 자격증 소지자를 우대한다는 모 생명보험사의 채용공고를 보고 입사지원서를 보냈다. 그리고 그곳에서 교육지원팀장이라는 자리를 얻어 새로운 일을 시작했다.

꿈을 이루려면
꿈 가까이에 있어야 한다

그동안 나는 아주 가까운 사이가 아니면 사람들에게 나의 꿈에 관해 이야기하지 않았다. 왜냐하면 내가 꿈에 관해 이야기했을 때 안 된다는 말만 들었기 때문이다. 심지어 비웃음을 사기도 했다. 그런 경험을 몇 번 한 뒤로 나는 꿈에 관해서는 입을 다물고 지냈다. 그리고 누가 나에게 꿈이 무엇이냐고 물어와도 말해주지 않았다. 예외적으로 자신의 꿈에 관해 말하는 사람에게는 나도 나의 꿈에 관해 말했다. 그런 사람과는 서로 대화가 통했기 때문이다. 자신의 경험을 통해서만 세상을 보려는 사람은 생각의 폭이 자신의 경험에 갇혀 있다. 그렇기 때문에 지금 바라보고 있는 세상 바깥에 또 다른 세상이 있을지 모른다는 생각을 하지 못한다. 자신이 경험해보지 못한 세상은 일단 없다고 판단해버리는 것이다. 그뿐만 아니라 남들에게도 지금 보이는 세상이 전부라고 말한다. 우물 안 개구리가 따로 없다.

비록 나 역시 우물 안 개구리였지만 그래도 우물 바깥의 세상에 대해 호기심을 많이 갖고 있었다. 우물 안 개구리처럼 자기만의 세상에 생각이 갇혀 있는 사람은 평생 꿈조차 꿀 수 없을 것이다. 꿈은 지금 바라보는 세상의 바깥에 있기 때문이다. 다시 말하면 아직 경험해보지 못했기 때문에 꿈이라고 말할 수 있는 것인데 지금 눈에 보이지 않는다고 다른 세상의 존재를 부정한다면 어떻게 꿈을 찾아 꿀 수 있겠는가? 꿈을 찾고자 한다면, 그리고 그것을 이루고자 한다면 새로운 세상을 찾아 지구 바깥으로 우주선을 내보내듯 자신의 생각을 경험 바깥의 세상으로 자꾸 내보내야 한다. 그것은 상상에 의해서 가능하다. 꿈은 상상에서 시작해 현실로 종결된다. 사람에게 상상력이 없다면 꿈이라는 말도 존재할 수 없다. 그렇기 때문에 꿈을 찾고 이루기 위해서는 머릿속에 꿈을 그리고 그것을 이룬 자신의 모습도 그려가면서 어떤 노력을 해야 꿈을 찾고 이룰 수 있을지 끊임없이 상상해야 한다. 다만 자신이 믿을 수 있는 것을 상상해야 한다. 자기 자신도 믿지 못하는 꿈을 꾼다면 그것은 꿈이 아닌 망상을 꾸는 것이다. 만약 내가 오늘부터 수영을 배워서 박태환 선수처럼 올림픽 금메달리스트가 되는 게 꿈이라고 말한다면 사람들은 다들 내가 미쳤다고 생각할 것이다. 그뿐만 아니라 나 자신도 그런 꿈이 이루어질 것이라고 믿지 못할 것이다. 그런 게 바로 망상이다. 망상은 이루어질 리 없다. 그럼에도 혹시나 하는 마음에 다른 일을 제쳐두고 오늘부터 매일 열두 시간씩 수영장에서 시간을 보낸다면 나는 매일 그 시간만큼 내 생명을 단축시키는 짓을 하는 것과 똑같다. 세상에 자신의 생명보다 더 소중한 것은 없다. 그렇기 때문에 망상에 사로잡혀 자신의 생명을 낭비해서는 안 된다.

나는 매일 꿈을 타이핑한다

국내외를 막론하고 각종 자기계발서를 보면 공통적으로 주장하는 것이 있다. 생생하게 꿈을 꿔라, 꿈을 이룬 모습을 상상해라, 꿈을 글로 적어라 등 이렇게 하면 실제로 꿈이 이루어진다는 것이다. 과학적으로 증명할 방법이 없기 때문에 이런 주장이 사실인지는 알 길이 없지만 나는 오래전부터 이런 행동을 실제로 해오고 있다. 언제부터인지 나는 무엇이든 도움이 되겠다는 생각이 들면, 그것이 어렵지 않고 돈이 들지도 않고 손해 볼 일도 없다면 일단 해보는 습관이 있다. 그런데 이런 습관이 오래 지속되니까 매일 하루도 빠짐없이 내가 이루고 싶은 꿈을 떠올리고 그것을 이룬 나의 모습을 상상하게 된다. 그리고 이는 나 자신에게 스스로 동기를 부여하는 데 실제로 많은 도움이 되며 부정적인 감정을 지우는 데도 도움이 된다. 내가 이렇게 매일 꿈을 떠올리고 상상하는 데 활용하는 방법 중 하나를 소개하겠다.

나는 인터넷 포털사이트의 이메일 계정을 세 개 갖고 있다. 아이디도 전부 다르고 패스워드도 다르다. 그런데 이메일 계정의 패스워드를 내가 이루고 싶은 꿈이나 목표를 단어나 문장으로 만들어서 사용한다. 예를 들어 이메일 계정이 세 개니까 세 가지 꿈이 있다고 가정해보자. 첫 번째 꿈은 드림전자에 취업하는 것이고 두 번째 꿈은 부자가 되는 것이고 세 번째 꿈은 스티브 잡스처럼 IT 분야에서 성공하는 것이다. 만약 지금 나에게 그런 꿈과 목표가 있다면 이메일 계정의 패스워드를 다음과 같이 만들어주는 것이다.

1. 드림전자취업(emflawjswkcnldjq)
2. 나는부자다(sksmsqnwkek)
3. 스티브잡스처럼(tmxlqmwkqtmcjfja)

이런 식으로 패스워드를 만들어서 사용하면 이메일을 확인하기 위해 로그인할 때마다 내가 꿈꾸는 것이나 목표하는 것을 하루에도 몇 번씩 타이핑하면서 자연스럽게 떠올리게 된다. 이렇게 나는 매일 꿈을 타이핑한다. 당신도 한번 해보기를 권한다. 꿈과 상상력을 자극하는 데 많은 도움이 될 것이다. 그리고 좋은 생각이나 아이디어가 떠오르면 열심히 메모하는 습관을 들이는 게 좋다. 무엇이든 메모를 하면 기억에 오래 남는다. 그리고 한 가지 좋은 아이디어를 글로 적다 보면 그것의 꼬리를 물고 또 다른 좋은 아이디어가 연이어 떠오르는 경우가 많다. 그렇기 때문에 메모하는 습관은 창의적인 발상을 하는 데도 많은 도움이 된다.

나는 주로 휴대폰 문자 메시지를 메모장으로 사용한다. 업무와 관련된 일이든 꿈과 관련된 일이든 어떤 아이디어가 떠오르면 잊지 않기 위해 곧바로 휴대폰을 열고 내 번호로 문자 메시지를 보낸다. 그리고 생각날 때마다 그동안 메모해둔 문자 메시지를 다시 들여다본다. 때문에 매달 청구되는 문자 메시지 사용 요금의 절반 이상이 내 번호로 내가 보낸 문자 메시지 사용 요금이다. 휴대폰의 메모장 기능을 사용해보기도 했지만 이상하게 그것은 잘 들여다보지 않는다. 하지만 문자 메시지 저장함은 휴대폰으로 문자 메시지가 수시로 들어오고 나 또한 다른 사람에게 수시로 보내기 때문에 자주 열어본다. 그러다 보면 그동안 메모해둔 아이디어도 자주 열어보는 것이다. 그래서 비용이 조금 들더라도 문자 메시지를 메모장으로 사용한다. 당신도 꼭 나와 같은 방법이 아니라도 좋으니 열심히 메모하는 습관을 들여보기를 권한다. 그 또한 꿈과 상상력을 자극하는 데 많은 도움이 될 것이다.

내 삶의 주인이 되려면
꿈에 귀 기울여라

지금 이 순간 꿈을 노래하라

.

.

.

지금 이 순간 내 모든 걸

내 육신마저 내 영혼마저 다 걸고

던지리라 바치리라

애타게 찾던 절실한 소원을 위해

지금 이 순간 나만의 길

당신이 날 버리고 저주하여도

내 마음속 깊이 간직한 꿈

간절한 기도 절실한 기도

뮤지컬 〈지킬 앤 하이드〉에서 조승우가 열창한 곡「지금 이 순간」은 몇 년 전부터 내가 가장 즐겨 듣는 노래다. 그리고 이 노래를 입버릇처럼 자주 흥얼거린다. 인터넷에서 동영상으로 처음 이 노래를 들었을 때 조승우가 열정적으로 노래하는 모습과 가사의 매력에 푹 빠져서 시간 가는 줄 모르고 한참 동안 반복해서 들었다. 이 노래를 알기 전에는 인순이가 부른「거위의 꿈」을 가장 즐겨 들었다. 알다시피 인순이도 가창력이 뛰어날 뿐만 아니라 열정에 관해서는 둘째가라면 서러워할 가수다. 나는 그런 노래를 듣다 보면 가수의 뜨거운 열정이 가슴으로 전달되는 것 같은 온기를 느끼며 노랫말 하나하나가 내 이야기를 하는 것 같아 감동을 느끼게 된다. 마치 내가 노래의 주인공이 된 것처럼 상상하면서 내가 이루고 싶은 꿈을 반복해서 자극한다.

'그래 이루어질 거야, 꼭 그렇게 될 거야'

나는 예전에 잠을 자는 동안 슈퍼맨처럼 하늘을 자유롭게 날아다니는 꿈을 꾼 적이 있다. 그때의 기분이 정말 환상적이었다. 그래서 다시 그 꿈을 꾸어보고 싶지만 마음처럼 잘 되지 않는다. 사람은 꿈을 꾸는 동안 일어나는 일을 실제처럼 느낀다. 꿈에서 맛있는 음식을 먹으면 정말 그 맛을 느끼고 꿈에서 아름다운 풍경을 보면 정말 기분이 좋아진다. 그뿐만 아니라 꿈에서 매를 맞으면 통증을 느끼고 악몽을 꾸면 공포를 느낀다. 사람의 뇌가 꿈과 현실을 구분하지 못하기 때문이다. 또한 뇌과학자의 말에 따르면 사람의 뇌는 상상과 현실도 잘 구분하지 못한다고 한다. 꼭 뇌과학자의 말이 아니더라도 그것을 직접 확인해보는 일은 어렵지 않다. 예를 들어 눈을 감고 즐거운 일을 상상하면 기분이 좋아지고 불쾌한 일을 상상하면 기분이 나빠진다.

마찬가지로 내가 절실히 이루고 싶은 꿈을 이룬 뒤 웃고 있는 모습을 반복해서 상상하면 내 안에 꿈이 살아서 꿈틀거리는 느낌을 받는다. 그 느낌이 너무 좋아서 나는 곧 미소를 짓는다. 이런 상상을 하고 감정을 느끼는 데 꿈에 관한 노래를 듣는 것보다 더 좋은 방법은 없는 것 같다. 그런 노래를 온몸으로 느끼면서 자주 듣고 흥얼거리다 보면 내 안에 정말 꿈이 살아 있다는 느낌을 받게 된다. 물론 그런다고 당장 꿈이 이루어질 리 없다. 하지만 하늘을 봐야 별을 딸 수 있듯이 내 안에 꿈이 살아 있다고 느껴야 언젠가 그것을 이룰 수 있지 않겠는가? 그리고 정말 내 안에 꿈이 살아 있어야 그것을 이루어가는 과정에서 어떤 시련을 겪더라도 견뎌낼 수 있지 않겠는가?

당신도 나처럼 가슴속에 꿈이 살아 있다고 느끼는가? 만약 그렇지 않다면 당신의 꿈에 생명을 주기 위해 노력해보기 바란다. 꿈이 살아 있다고 느낄 수 있을 만큼 당신의 감정과 상상력을 충분히 자극할 수 있다면 그것이 꼭 나처럼 꿈에 관한 노래를 듣고 따라 부르는 방법이 아니어도 괜찮다.

꿈 뒤에는 피나는
노력이 숨어 있다

한때 나는 아이돌 가수에 대해 편견이 있었다. TV를 켜면 다 똑같아 보이는 모습으로 떼를 지어 등장하는 아이돌 그룹을 보면서 문화적인 공해라고까지 생각했다. 그런데 아이돌 가수들이 데뷔를 하기 전 짧게는 수년에서 길게는 10년 이상 연습생 시절을 거치며 꿈을 이루기 위해 치열한 몸부림을 치고 지낸다는 사실을 알고 나서는 그런 편견을 버리게 됐다. 그들의 사정과 그들이 가진 꿈에 대해 잘 알지도 못하면서 심한 편견을 가졌던 것에 대해 부끄러운 생각도 들었다. 누군가를 향해 꿈을 이루게 해달라고 소원하는 그들의 간절한 기도가 내 귀에까지 들리는 것 같았다. 지금까지 나는 무엇인가를 위해 그렇게 목숨을 걸 듯 도전해본 적이 없었고 그럴 만한 용기도 없다. 그렇기 때문에 꿈을 위해 모든 것을 걸고 도전하는 사람을 보면 경외심마저 느끼게 된다.

몇 년 전 영국의 한 오디션 방송에 혜성처럼 등장해 휴대폰 판매원에서 세계적인 스타가 된 오페라 가수 폴 포츠의 인생 스토리를 보면 '정말 지지리 복도 없이 살아왔구나'라는 말이 절로 나온다. 어려서부터 소심한 성격과 못생긴 외모 때문에 친구들에게서 따돌림을 당했고 가난, 교통사고, 악성종양, 신용카드 빚 등 그를 따라다닌 것은 절망의 단어뿐이었다. 하지만 그는 그동안 꿈을 포기해본 적이 없다고 했다. 그리고 힘들 때마다 열심히 노래를 부르며 견뎌냈다고 했다. 그랬던 그에게 마침내 행운이 찾아왔다.

나는 그가 깨진 앞니를 보이며 노래 부르는 모습을 처음 보았을 때 느꼈던 감동을 수년이 지난 지금도 잊지 못한다. 그가 그냥 노래만 잘하는 수많은 참가자 중 한 사람이었다면 나는 아마 그만큼의 감동을 느끼지 못했을 것이다. 그의 노래에서 그가 지난 시간 동안 흘렸을 눈물과 고뇌가 함께 묻어 나오는 것을 보았고 나는 내내 눈물을 흘리며 그의 모습을 지켜보았다. 그의 첫 번째 앨범의 제목은 〈One Chance〉다. '한 번의 기회', 그는 그 한 번의 기회를 잡기 위해 오랫동안 꿈을 포기하지 않고 준비해왔을 것이다. 그

리고 마침내 그것을 놓치지 않고 잡았다. 기회는 준비된 사람에게
만 기회로 보일 뿐 그렇지 않은 사람에게는 스쳐가는 바람처럼 아
무것도 보이지 않을 것이다.

　나에게 폴 포츠 못지않게 큰 감동을 준 사람이 또 있다. SBS 예
능 방송 '스타킹'에 출연해 노래를 불렀던 야식 배달부 김승일, 그
는 모 대학의 성악과에 입학했지만 아들의 학비 마련을 위해 온갖
궂은일을 했던 어머니가 뇌출혈로 돌아가신 뒤 학업을 포기하고 여
러 직업을 전전하다가 7년 동안 야식 배달부로 일을 해왔다. 그러
던 어느 날 휴대폰에 녹음된 그의 노래를 듣고 깜짝 놀란 야식집 사
장이 대신 방송국에 출연을 신청했다. 7년 동안이나 함께 생활하면
서도 그의 노래 실력을 알지 못했던 사장이 우연히 그의 휴대폰에
서 흘러나오는 노래를 듣고 방송 출연 신청을 대신해서 그렇게 큰
기회를 잡았다는 사실이 기가 막히지 않은가?

　나는 그에게 천부적인 재능을 내려준 신이 그것으로는 성이 안
차 그의 목소리에 삶의 진정성을 더해주려고 일부러 그에게 그토록
힘든 시련을 준 게 아닐까 생각했다. 그의 노래를 들으면서도 나는
흐르는 눈물을 멈출 수가 없었다. 오랫동안 힘들게 고생한 사람의
표정이 어떻게 저렇게 선하고 밝을 수가 있을까? 그의 모습이 진심
으로 아름답게 느껴졌다. 그리고 '저런 사람이 정말 잘 되어야 어려

운 사람들이 희망을 가질 텐데'라고 생각했다. 다행히 지금 그도 폴 포츠처럼 자신이 그토록 간절히 원했던 성악가의 길을 다시 걷고 있다고 한다.

나는 그 두 사람을 보면서 문득 이런 생각을 해본 적이 있다. 과연 꿈은 이루는 것일까 아니면 이루어지는 것일까? 만약 꿈을 이루는 게 맞는 말이라면 그것은 나의 노력으로 그렇게 할 수 있다는 뜻이고 꿈은 이루어지는 게 맞는 말이라면 나의 의지가 아닌 보이지 않는 무엇인가에 의해 그렇게 된다는 뜻이다. 이에 관해서는 이렇게 생각해볼 수 있다. 물은 99℃까지 끓지 않다가 1℃가 더해져 100℃가 되어야 끓기 시작한다. 이와 마찬가지로 99%의 노력이 있더라도 나머지 1%가 더해지지 않으면 꿈은 이루어지지 않을 것이다. 나는 그 1%가 다름 아닌 '운'이라고 생각한다. 그리고 그 운은 '기회'와 같은 말이기도 하다. 이는 에디슨이 '천재는 99%의 노력과 1%의 영감으로 만들어진다'라고 말한 것과 일맥상통한다. 그렇기 때문에 꿈은 99%의 노력으로 이루는 것이기도 하고 1%의 운으로 이루어지는 것이기도 하다. 따라서 두 가지 요건이 모두 충족되지 않으면 꿈은 이루어지지 않는다는 게 나의 결론이다.

지금 이 순간 눈에 띄지 않는 곳에서 모진 시련을 겪으면서도 꿈을 버리지 않고 살아가는 사람이 분명히 있을 것이다. 나는 그 모

든 사람이 언젠가 그 1%의 기회를 만나 꿈을 꼭 이루게 되기를 바
란다. 그 1%의 기회는 99%의 노력을 준비한 사람의 눈에만 보일
것이다.

평범함을 넘어서는
길은 공부뿐이다

.

.

.

나는 오래전부터 남들이 취미가 무엇이냐고 물으면 특별한 취미가 없었기 때문에 독서, 음악감상, 영화감상 중 가장 먼저 떠오르는 것을 취미라고 말했다. 그런데 언젠가부터 실제로 나의 취미는 독서가 됐다. 나는 대학을 졸업할 때까지 교과서와 전공서적 외에는 책을 거의 읽지 않았다. 그 이후에도 마찬가지였다. 사실상 독서와는 담을 쌓고 지냈다. 그런데 지금은 매일 책을 읽는다. 하루도 책을 읽지 않고 넘어가는 날이 없다고 해도 과언이 아닐 만큼 책 읽기를 즐긴다. 아무리 바빠도 매일 단 10분이라도 책을 읽고 그것도 어려우면 단 한 쪽이라도 읽는다. 사실 독서량이 아주 많지는 않다. 한 달에 평균 네 권 이상의 책을 읽는 것 같다. 매주 한 권 이상, 해마다 50권 이상의 책을 읽는 셈이다. 한 분야의 책을 100권 정도 읽으면 그 분야의 전문가가 된다는 말이 있다. 나는 평소 관심이 많고 나의 직업과 관련이 있는 경제, 경영, 재테크, 재무설계, 자기계발 등에 관한 책을 주로 읽어왔기 때문에 이미 그 분야의 전문가가 되고도 남을 만큼 많은 책을 읽었다. 이런 습관이 없었다면 독후감 한 번 써본 적이 없고 글쓰기 훈련을 받아본 적도 없는 내가 수백 장 분량의 책을 직접 쓰는 일은 불가능했을 것이다. 최근에는 인문학에도 관심이 생겨 수천 쪽에 달하는 마르크스의 『자본론』을 1년에 걸쳐 정독했다. 그리고 애덤 스미스의 『국부론』과 『도덕감정론』, 루소의 『인간불평등기원론』, 헨리 조지의 『진보와 빈곤』, 마키아벨리의 『군주론』 등 여러 고전을 읽었다. 또한 공자, 맹자, 노자, 장자 등 동양사상에 관한 책도 현대의 문체로 쉽게 풀어 쓴 것을 골라서 읽었다. 솔직히 이런 유의 책은 읽어도 잘 이해가 되지 않는다. 그만큼 나에게는 어려운 책이다. 하지만 책을 읽으면서 그 옛날에 어떻게 이처럼 위대한 사상을 가진 사람들이 존재했을까라는 탄식을 하는 것만으로도 나에게는 큰 배움이 된다.

어느 날 출근길 지하철에서 정장을 말쑥하게 차려입은 젊은 여성이 태블릿 PC를 들고 고스톱을 치고 있는 모습을 보았다. 진지

한 표정으로 열심히 치던데 이른 아침부터 그렇게 고스톱을 치고 있는 여성의 모습이 썩 아름답게 보이지는 않았다. 사실 그 모습이 너무 우스워서 속으로 한참 동안 웃었다. 최근 스마트폰이 대중화되면서 편리한 점이 많아졌지만 한편으로는 그로 인해 사람들이 책을 읽고 사색하는 시간은 훨씬 줄어든 것 같다. 어디를 가도 스마트폰이나 태블릿PC를 들고 뭔가를 열심히 하고 있는 사람들을 쉽게 볼 수 있다. 무엇을 하는지 슬쩍 엿보면 인터넷 서핑, TV시청, 게임, 문자 채팅 등을 하고 있는 경우가 대부분이다. 그뿐만 아니라 공부를 하거나 업무를 보는 중에도 수시로 스마트폰을 만지작거리는 사람들이 많은 것 같다. 그런 경우 무슨 일을 하더라도 효율성이 떨어질 수밖에 없다.

예전부터 TV를 바보상자라고 불렀다. 그 이유를 정확히는 모르겠지만 TV를 볼 때 대개 일방적으로 전달되는 시각과 청각의 자극을 아무 생각 없이 받아들이게 된다. 따라서 TV를 많이 보면 두뇌가 생각하는 힘을 잃고 점점 단순화하기 때문에 그런 별명이 붙은 게 아닌가 생각한다. 그래서 요즘 부모는 자녀를 위해 일부러 집에 TV를 두지 않는 경우가 많다. 내가 보기에 스마트폰도 TV 못지않게 바보상자인 것 같다. 자꾸 만지작거릴수록 아무 생각 없이 시간이 금세 지나가기 때문에 머리가 단순해지는 것 같다. 물론 스마트폰이 지닌 여러 순기능을 부정하지 않는다. 나도 스마트폰을 사용하면서 세상 정말 좋아졌다는 생각을 종종 한다. 실제로 그전에 쓰던 휴대폰보다 유용한 게 사실이다. 하지만 스마트폰을 장난감 삼아 놀기 시작하면 그로 인해 책을 읽거나 사색하는 시간을 많이 빼앗기고 아무 생각 없이 때우는 시간이 늘어나기 때문에 순기능보다는 역기능이 더 많을 것이라고 생각한다. 그래서 문명의 혜택이 꼭 좋은 것만 같지는 않다.

나는 함께 일하는 동료나 가까운 지인들과 술자리를 갖는 일은 좋아하지만 술을 잘 마시지는 못한다. 당구는 고등학교 때 일찍 배웠지만 가족과 명절에나 가끔씩 친다. 그리고 내 나이쯤 되면 많이 하는 골프는 클럽 한 번 잡아본 일도 없다. 많은 사람이 흔하게 즐기는 스키를 타본 적도 없고 고스톱이나 포커도 할 줄 모른다. 운동은 걷기와 낮은 산에 오르는 것을 좋아한다. 나는 평소에 돈 드는 취미 생활을 하지 않는다. 돈이 아까워서가 아니라 그런 취미에 흥미가 생기지 않기 때문이다. 그 대신 나는 책을 사거나 공부를 하는 데 쓰는 돈은 아끼지 않는다. 책을 읽고 공부하는 데 들인 돈은 소비가 아니라 투자라고 생각하기 때문이다. 그렇게 투자한 돈은 언젠가 부메랑처럼 다시 나에게 돌아온다고 믿는다. 그것도 상당한 이자가 붙어서 돌아오기 때문에 그 어떤 재테크 수단보다도 수익률이 좋다고 생각한다. 지금 나는 내가 일하는 분야에서 전문가로서 인정을 받고 있으며 다양한 수입원을 통해 여러 종류의 소득을 얻고 있다. 그것이 나는 오랫동안 꾸준히 해온 독서와 공부의 결과라고 생각한다.

나는 부모에게 딱히 물려받을 게 없는 평범한 직장인에게 자기계발은 생존의 문제와도 관련이 있다고 생각한다. 아무리 좋은 기업에 다니더라도 40대 중반을 넘기면 퇴직 걱정을 해야 하는 게 현재 우리나라의 고용 환경이다. 실제로 많은 청년이 취업하기를 희망하는 대기업이나 금융회사에 다니다가 40대에 퇴직해 딱히 할 일을 못 찾고 고민하는 사람들은 널려 있다. 그러다가 급한 마음에 충분한 준비 없이 창업했다가 실패하거나 사기꾼의 농간에 넘어가 퇴직금을 몽땅 날리는 사람들도 많다. 만약 처음 취업한 20대 때부터 자신의 업무와 관련이 있거나 자신이 특별히 관심을 갖고 있는 분야에서 꾸준히 책을 읽고 공부하는 습관을 들인다면 그런 노력을 소홀히 한 사람에 비해 경쟁력을 갖출 것이기 때문에 직장에서의 생존 기간이 길어질 것이다. 그뿐만 아니라 평소 그런 노력을 통해 장기간 무엇인가를 준비해왔다면 그것이 곧 퇴직 후 제2의 인생을 살아가는 데 한 밑천 톡톡히 할 것이다. 그 때문에 내게 직장 생활에 관해 조언을 구하는 후배들에게 직장 생활을 하는 동안 자기 자신에게 남는 것은 결국 공부밖에 없는 것 같다고 말해준다. 공부를 통해 자신의 업무 분야와 관심 분야에서 전문가로서 인정받기 위해 필요한 지식과 경험을 꾸준히 쌓는다면 그것보다 더 큰 재산은 없을 것이다.

나를 성장시킨 두 권의 책

·

·

·

지금까지 내가 읽었던 수백 권의 책 중 나의 삶에 직접적인 영향을 미친 두 권의 책이 있다. 하나는 『부자 아빠, 가난한 아빠』이고 또 다른 하나는 『연금술사』다.

『부자 아빠, 가난한 아빠』는 나에게 부자가 되고 싶다는 열망을 갖게 해준 책으로 자산 증식의 원리와 현금 흐름 관리의 중요성 등에 대해 초등학생도 이해할 수 있을 만큼 쉬운 문체로 이야기해준다. 경제적으로 자유로운 부자가 되기 위해 저자가 추구해온 삶의 방식과 현재 내가 추구하는 그것 사이에는 많은 차이가 있지만 그럼에도 저자가 지닌 부자 마인드는 나의 삶에 많은 영향을 미쳤다.

그 책이 나로 하여금 부자에 대한 정의를 내리고 그것을 좇도록 동기를 부여했기 때문이다. 얼마 전 모 경제신문사의 기자와 인터뷰를 하던 중 기자가 나에게 부자의 정의가 무엇이라고 생각하는지 물은 적이 있었다. 당시 나는 대략 이렇게 대답했다.

"제가 생각할 때 부자는 두 부류입니다. 하나는 가진 돈이 많기 때문에 일을 안 해도 먹고 사는 데 문제가 없는 사람이고 또 다른 하나는 가진 돈은 많지 않아도 자신이 좋아하는 일을 하면서 돈을 버는 사람입니다."

사람들에게 돈이 필요한 이유는 우선 생계를 해결해야 하기 때문이다. 그런데 가진 돈이 많아서 더 이상 일을 하지 않아도 평생 동안 생계를 해결하는 데 문제가 없다면 당연히 부자라고 말할 수 있다. 이처럼 돈이 많은 부자에게 일을 하는 것은 선택 사항이다. 부자가 되려면 얼마나 많은 돈이 필요한가는 상대적인 것이기 때문에 중요한 논점은 아니라고 생각한다. 예를 들어 현재 30세인 사람이 80세까지 생존한다고 가정해보자. 그가 생계를 해결하는 데 매년 2,000만 원이 필요하고 지금 그가 10억 원을 소유하고 있다면 그는 이미 부자다. 하지만 그에게 매년 4,000만 원이 필요하다면 지금 그의 손에 적어도 20억 원이 있어야 부자라고 말할 수 있다. 그래야만 일을 하지 않아도 평생 동안 생계를 해결하는 데 문제가 없기 때문이다. 다시 말하면 부자가 되려면 10억 원이 필요할 수도 있고 20억 원이 필요할 수도 있는 것이다. 이처럼 부자의 기준은 사람에 따라 다르다. 그리고 우리는 여기서 한 가지 중요한 사실을 알 수 있다. 그것은 하루라도 빨리 부자가 되려면 돈을 많이 벌기 위해 노력하기 이전에 돈을 적게 쓰는 습관을 먼저 들여야 한다는 것이다. 물론 돈을 적게 쓴다는 것 역시 상대적인 것이기 때문에 사람에 따라 그 판단 기준이 다르지만 자신의 소득에 비해 과하지 않은 소비를 하면서 사는 게 그 해답이 될 것이다. 이를 쉬운 말로 '분수에 맞게 산다'라고 표현한다.

부자의 또 다른 부류는 생계를 해결하는 데 필요한 돈을 벌기 위해 일을 해야 하지만 자신이 좋아하는 일을 하면서 돈을 버는 사람이다. 그에게 일은 일처럼 느껴지기보다는 매일 취미 활동을 하는 것처럼 느껴질 것이다. 비록 그에게 일이 선택 사항은 아니지만 매일 즐겁게 일하면서 돈을 벌기 때문에 이미 돈으로부터 자유롭다고 말할 수 있다. 세상에는 생계 문제 때문에 하고 싶지 않은 일을 억지로 하거나 자신의 적성과 크게 어긋나는 일을 힘들게 하면서 살아가는 사람들이 부지기수라는 점을 생각해보면 내가 왜 이런 부류의 사람을 부자로 분류하는지 이해할 수 있을 것이다. 그리고 우리는 여기서 또 하나의 중요한 사실을 알 수 있다. 그것은 자신이 즐겁게 일할 수 있는 직업을 갖는 것도 부자가 되는 방법 중 하나라는 것이다. 그래서 부자가 되고 싶다면 자신이 좋아하는 일, 즐겁게 할 수 있는 일 그리고 잘할 수 있는 일이 무엇인지 찾기 위해 노력하는 것도 매우 중요하다. 그리고 기왕이면 즐거울 뿐만 아니라 자신이 일한 것에 대해 충분한 보상이 주어지는 직업을 갖기 위해 노력해야 한다. 일이 아무리 즐겁더라도 생계를 해결할 수 있을 만큼의 소득이 생기지 않으면 그 일을 오랫동안 즐겁게 하기 어렵기 때문이다.

나는 예전이나 지금이나 부자 아빠가 되고 싶은 열망을 갖고 있다. 그래서 나의 소득에 비해 적은 소비를 하면서 분수에 맞게 살려고 노력해왔다. 그뿐만 아니라 내가 좋아하는 일, 즐겁게 할 수 있는 일 그리고 잘할 수 있는 일이 무엇인지 찾기 위해서도 노력했다. 그리고 그런 노력에 대해 소정의 성과가 있었기 때문에 현재 나는 나의 삶에 만족하고 있다. 또한 앞으로도 같은 노력을 멈추지 않을 것이다. 그런 점 때문에 내가 『부자 아빠, 가난한 아빠』라는 책이 나의 삶에 직접적인 영향을 미쳤다고 생각하는 것이다.

반면에 『연금술사』는 나에게 꿈을 찾고 싶다는 열망을 갖게 해준 책이다. 소설의 주인공은 스페인의 한 작은 마을에 사는 양치기 청년 산티아고라는 인물이다. 어느 날 해가 질 무렵 산티아고는 양떼를 데리고 버려진 낡은 교회 앞에 다다랐다. 교회의 지붕은 무너져 있었고 마당에는 커다란 무화과나무 한 그루가 서 있었다. 그는 그 곳에서 하룻밤을 보내던 중 지난주에 꾸었던 것과 똑같은 꿈을 다시 꾸게 된다. 어린아이 하나가 나타나서 자신의 손을 잡고는 이집트의 피라미드로 데려가는 꿈이었다. 꿈에서 그 아이는 산티아고에게 이런 말을 한다.

"만일 당신이 이곳에 오게 된다면 당신은 숨겨진 보물을 찾게 될 거예요."

똑같은 꿈을 두 번이나 꾼 산티아고는 해몽을 잘하는 한 노파에게 찾아간다. 그리고 그 노파는 꿈에서처럼 산티아고가 정말로 이집트의 피라미드에 갈 것이며 그곳에서 보물을 발견할 것이라고 말한다. 그는 노파의 말을 믿지 않았지만 얼마 후 양떼를 모두 팔아서 여비를 마련한 뒤 정말로 보물을 찾기 위해 이집트로 떠난다. 이후 강도를 만나고 죽을 고비를 넘기는 등 온갖 시련을 겪은 끝에 이집트의 피라미드에 도착했지만 그는 보물을 발견하지 못한다. 하지만 그곳에서 보물이 묻힌 장소가 어디인지 정확히 알게 된다. 그리고 그는 다시 고향에 돌아와 자신이 보물에 관한 꿈을 꾸었던 무화과나무 아래에서 그토록 찾아 헤매던 보물을 찾게 된다. 그 보물은 그와 가장 가까운 곳에 묻혀 있었기 때문에 이집트까지 다녀

올 필요가 없었지만, 만일 그가 이집트에 다녀오지 않았다면 보물
이 묻힌 장소를 영원히 찾아내지 못했을 것이다. 책을 통해 작가가
독자에게 주려는 메시지가 무엇인지 정확히 알 수 없지만 나는 이
렇게 해석하고 있다. 내가 찾고자 하는 보물은 바로 나 자신과 가
장 가까운 곳, 즉 내 가슴속에 묻혀 있다는 사실이다. 하지만 가슴
속 어디에 보물이 묻혀 있는지 알기 위해서는 그것을 찾기 위한 여
행을 떠나야 한다. 산티아고가 이집트로 여행을 떠났던 것처럼 말
이다. 나는 그 보물을 찾기 위해 오랫동안 여행했고 산티아고처럼
나의 가슴속에 숨겨진 그 보물을 발견할 수 있었다. 그 보물은 바
로 나의 재능과 꿈이다.

간절함은
인생을 반전시킨다

．

．

．

　예전에 친한 친구가 걱정 어린 말투로 나에게 이런 말을 한 적이 있다.

　"너 명함이 너무 자주 바뀌는 것 아니냐?"

　당시 나는 대학을 졸업한 뒤 네 번째 직장을 다니던 중이었다. 나는 대답하는 대신 친구에게 이렇게 물었다.

　"너는 꿈이 뭐니?"

　그러자 그는 갑자기 그게 무슨 소리냐고 물었다. 이번에도 나는 대답하지 않고 또 다른 물음을 던졌다.

　"지금 하는 일은 즐겁니?"

친구는 회사에서 받는 급여와 처우에는 만족하지만 일은 별로 즐겁지 않다고 했다. 나는 다시 물었다.

"그러면 즐겁지 않은 일을 하면서 그 회사는 언제까지 다닐 생각인데?"

친구는 아직 그런 생각까지는 안 해봤다고 대답했다. 나는 또 물었다.

"지금 너희 회사에 50세가 넘은 사람이 몇 명이나 있냐?"

그는 잠시 생각해보더니 임원 외에는 몇 명 없다고 대답했다. 그래서 나는 이렇게 물었다.

"그러면 아마 너도 원하든 원치 않든 50세 전에 회사에서 나가야겠구나. 그다음에는 어떻게 살고 싶은데?"

그는 잘 모르겠다고 대답했다. 그제야 나는 그에게 대략 이런 말을 해주었다.

"나는 지금 꿈을 찾고 있는 중이야. 내가 무슨 일을 잘하는지, 무슨 일을 할 때 즐거운지 아직도 잘 모르겠어. 그래서 그것을 꼭 찾고 싶어. 늦어도 30대를 보내기 전에 꼭 찾고 싶단 말이지. 나이 들어 회사에서 퇴직을 당한 뒤 방황하기보다는 차라리 지금 젊고 아이가 어려서 돈이 적게 들 때 방황하는 게 낫지 않겠어?"

친구의 말대로 내 명함이 자주 바뀌었던 게 사실이다. 지금까지 가장 짧게 다닌 직장은 5개월 동안 다녔고 가장 오래 다닌 직장은 3년 동안 다녔다. 나 같은 사람은 흔히 방황하거나 직장 생활에 적응하지 못해 떠도는 사람쯤으로 비춰지기 십상이다. 그런데 나는 나 자신이 방황하고 있다는 생각을 해본 적이 한 번도 없기 때문에 남들의 그런 시선을 의식해본 적도 없다. 그리고 이직하면서 매번 다른 업무를 맡아서 했기 때문에 다양한 경험을 할 수 있었고 그런 경험은 내가 잘할 수 있는 일과 그렇지 않은 일을 찾고 구분하는 데 많은 도움이 됐다. 또한 어떤 곳에 있든 내가 맡은 업무를 흠 잡히지 않을 만큼 성실히 했기 때문에 후회되는 일도 없다. 그뿐만 아니라 나는 돈을 벌지 못하더라도 내가 하고 싶은 일을 하겠다는 생각을 해본 적이 없기 때문에 가장으로서 경제적인 부양의 의무도 충실히 해왔다.

나는 한 직장을 오랫동안 다니는 게 미덕으로 여겨지는 시대는 이미 오래전에 끝났다고 생각한다. 기업은 직원이 제공하는 육체적, 정신적 노동을 통해 수익을 창출한다. 그리고 그에 대한 대가, 즉 급여를 지불한다. 하지만 기업은 경영 사정이 안 좋아지거나 급여 이상의 기여를 못한다고 생각하면 언제든지 직원을 내보낼 준비가 되어 있다. 특히 나이가 들고 생산성이 떨어지면 그에게 주는 급여로 젊고 팔팔한 신입 사원 두세 명을 채용할 수 있는데 회사로서는 굳이 오랫동안 그를 붙잡고 있을 이유가 없다. 그런 문제 때문에 아무리 좋다고 하는 기업에 다니더라도 대부분의 직장인은 40대 중반을 넘기면 원치 않는 퇴직을 걱정하게 된다. 임원으로 승진하더라도 상황은 크게 달라지지 않는다. 그리고 퇴직 후에 무슨 일을 해서 자녀들의 대학 등록금을 내주고 가족을 부양해야 할지 걱정한다. 하지만 나는 그런 걱정을 이미 30대에 다했기 때문에 40대 이후의 삶에 대해 별로 두려운 게 없다.

친구 중에는 명문대학을 졸업한 뒤 모 통신회사에 입사한 친구가 있다. 내가 그의 결혼식 사회를 봐주었을 만큼 절친한 친구다. 그는 나보다 3년 먼저 대학을 졸업했고 지금까지 그곳에서 15년 이상 성실히 근무하고 있다. 나도 대학 졸업을 앞두고 그가 다니는 회사에 취업하고 싶었기 때문에 입사지원서를 냈지만 아무 답변도 듣지 못했다. 지금 그는 회사의 처우는 물론 업무에도 만족하고 있다. 다만 언제까지 회사를 다닐 수 있을지에 대해서는 그 역시 걱정한다. 나는 어느 날 그 친구를 보면서 이런 생각을 해보았다. 내가 만약 지푸라기를 잡는 심정으로 제약회사 영업사원이 된 게 아니라 친구처럼 신의 직장으로 불리는 그 통신회사에 사무직 사원으로 취업했다면 과연 내가 그곳을 박차고 나와서 보험영업을 하겠다고 도전했을까? 그리고 이후에 재무설계 전문가가 되고 책을 쓰는 작가가 될 수 있었을까? 아마 나도 그 친구처럼 그곳에서 지금까지 계속 근무하고 있을 것이라는 생각이 들었다. 앞서 말했지만 나는 내성적인 편이다. 게다가 스스로가 보수적이고 안정을 추구하는 성향이라고 생각한다. 그리고 안정을 추구하는 삶이 가장 무난한 삶이라고도 생각한다. 하지만 나는 그 친구처럼 명문대학을 나오지 못했고 사무직 사원으로 취업한 것도 아니었다. 게다가 어렵게 취업한 제약회사에서 약품 영업을 하는 게 적성에 맞지 않았다. 그렇기 때문에 나는 늘 무엇인가를 찾고 싶다는 갈증을 심하게 느꼈고 계속해서 우물을 팔 수밖에 없었다. 그리고 결국 그토록 원했던 물을 찾아 갈증을 해소했다. 내가 대학을 졸업할 당시 막연히 가고 싶어 했던 여러 대기업에 사무직 사원으로 취업을 못한 게 오히려 나에게는 더 좋은 기회가 된 것이다.

당신이 20대에 원하는 기업에 취업하거나 직업을 갖게 된다면 더할 나위 없이 좋겠지만 만약 그렇지 못하더라도 너무 실망하지 말았으면 한다. 나에게 그랬던 것처럼 당신에게도 오히려 더 좋은 기회가 될 수 있다고 생각하면 좋겠다. 그 대신 심한 갈증을 느껴야 한다. 그래야 당신도 나처럼 물을 찾기 위해 우물을 계속 파 내려갈 수 있을 것이다.

롤모델을 찾아 마음껏 부러워하라

나와 친분이 있는 재무설계사가 있다. 그는 나보다 2년 앞서 국제공인재무설계사 자격증을 취득했다. 그리고 7~8년 전부터 책을 쓰기 시작해 지금까지 서너 권의 책을 집필했다. 그의 책이 많이 판매되는 것은 아니지만 책을 통해 자신을 알리기 위한 노력을 꾸준히 한 결과 많은 사람들이 그에게 재무 상담을 받고 싶어 직접 연락해온다. 몇 달씩 상담 스케줄이 밀려 있을 정도다. 그리고 여러 기업과 기관으로부터 초청을 받아 재무설계에 관한 강연을 하고 방송에도 종종 출연한다. 재무설계사들 사이에서는 꽤 유명세가 있어 그에게 뭔가를 배우려고 모여드는 재무설계사들이 무척 많다.

나는 오래전부터 그를 지켜보며 많이 부러워했다. 나도 그처럼 책을 쓰고 싶었고 초청을 받아 강연하고 싶었다. 이처럼 그는 나의 롤모델이었고 그를 향한 부러움은 나에게 늘 동기부여가 됐다. 그리고 나도 언젠가는 꼭 그처럼 되겠다는 바람이 하나의 꿈이 되었고 그 꿈을 이루기 위해 내가 무엇을 해야 할지 늘 고민했다. 그뿐만 아니라 나는 그보다 한 발 더 나아가 재테크 분야의 베스트셀러 작가가 되고 싶었다. 그것은 정말 내게 절실한 꿈이었다. 하지만 그 꿈은 이제 과거형이다. 나는 이미 국내에는 물론 해외에까지 이름을 알린 재테크 분야의 베스트셀러 작가가 됐다. 또한 여러 기업과 기관으로부터 초청을 받는 강연가가 됐다.

내가 이루고 싶은 무엇인가를 먼저 이룬 사람을 향한 부러움은 나 자신을 발전시키고 성장시키는 데 정말 큰 도움이 된다. 그런 부러움 때문에 나는 베스트셀러 작가가 되는 꿈을 이룰 수 있었다고 생각한다. 지금 나에게는 절실히 이루고 싶은 꿈이 몇 가지 더 있다. 그렇기 때문에 지금도 내가 이루고 싶은 그것을 먼저 이룬 사람들을 부러워하며 롤모델로 삼고 지낸다. 그리고 나도 정말 그 사람처럼 되고 싶다고 생각한다. 나의 이런 부러움은 '나는 왜 저 사람처럼 살지 못할까' 또는 '저 사람은 저렇게 잘나가는데 나는 왜 이 모양일까' 하는 식의 푸념 섞인 부러움이 아니다. 그런 식으로

남을 부러워하는 것은 열등감에 지나지 않는다. 나는 앞서 열등감
에 대해 이야기했다. 그리고 그것이 인생을 좀먹는 가장 나쁜 태도
라고도 말했다. 이처럼 남을 향한 부러움 때문에 자기 자신이 부족
하게 느껴지거나 자신의 삶이 불만족스럽다면 그것은 진정한 부러
움이 아니다. 진정한 부러움은 자신을 스스로 존중하면서도 누군
가의 삶을 동경하고 그를 닮고 싶어할 때 생긴다.

　세상에는 남이 잘 되는 꼴을 못 보는 사람이 있다. 사촌이 땅을
사면 배가 아프다는 말은 그런 사람을 두고 하는 말이다. 질투와
시기가 많은 사람이다. 남을 질투하고 시기하는 것 역시 열등감의
또 다른 표현이다. 잘 되는 사람에게는 그럴만한 이유가 있다. 그
이유에 대해 생각해봐야 하고 그것을 배우려고 노력해야 한다. 그
과정에서 자신의 삶도 매일매일 조금씩 발전한다. 그리고 꿈에도
한 발자국씩 가까워진다. 물론 세상에는 부정과 거짓을 수단으로
배불리 먹고 사는 인간도 많은 게 사실이지만 그렇기 때문에 세상
이 정의로우니 아니니 하는 식의 철학적인 논쟁은 하고 싶지 않다.
어차피 나는 그런 사람에게는 관심이 없기 때문이다. 나는 내가 이
루고 싶은 무엇인가를 먼저 이룬 사람을 부러워하고 나 또한 그렇
게 되고 싶을 뿐이다.

　만약 당신도 나처럼 절실히 이루고 싶은 무엇인가가 있다면 그

것을 먼저 이룬 사람을 찾아 롤모델로 삼고 그를 마음껏 부러워하
기 바란다. 그리고 그처럼 되려면 어떻게 노력해야 하는지 늘 고민
해보고 행동에 옮겨라. 그러면 언젠가 그를 닮아 있는 자신을 발견
하게 될 것이다.

인생은 두 번 치를 수 없는 시험이다

내가 서른 살 때 마흔 살이던 지인이 있다. 당시 그는 자신이 마흔 살이 되었다는 사실이 믿기지 않는다고 했다. 그만큼 시간이 금방 흘렀다는 뜻이다. 내가 지금 바로 그런 느낌을 받는다.

'도대체 내가 언제 이렇게 나이를 많이 먹은 거야?'

내가 스무 살이 되던 날 10년 뒤에는 어떤 모습으로 살고 있을까 생각해본 적이 있다. 서른 살이 되던 날에도 역시 똑같은 생각을 해보았다. 사실 둘 다 그림이 전혀 그려지지 않았다. 시간이 지나고 보니 지금 내가 살고 있는 모습은 스무 살에는 말할 것도 없고 서른 살에도 전혀 상상하지 못했던 삶이다. 대학에서 항공우주공학을 전공한 내가 제약회사 영업사원이 될 줄 어떻게 알았겠으며 이후 보험설계사가 되고 또 재무설계 전문가가 될 줄 어떻게 알았겠는가? 그뿐만 아니라 책을 쓰는 작가가 되고 많은 사람들 앞에서 강연을 하는 강연자가 될 줄 정말 상상이나 했겠는가?

돌이켜 보면 나는 내 마음이 흐르는 대로 살아왔던 것 같다. 용기가 없어서 큰 모험을 해보지는 못했지만 다양한 경험에 도전했고 무슨 일이든 해봐야겠다는 생각이 강하게 들면 일단 행동에 옮겼다. 그 과정에서 내가 어떤 일을 할 때 즐겁고 어떤 분야에 재능이 있는지 알게 됐다. 그리고 내가 그토록 소원하던 꿈을 찾았다.

마흔 살이 되던 날에는 10년 뒤 내가 어떤 모습으로 살고 있을지 대충이라도 그림이 그려졌다. 이제 나의 길을 찾은 것 같다는 생각이 들었다. 하지만 앞으로도 나는 마음이 흘러가는 대로 살아갈 것이다. 지금까지 해보지 못한 경험에 또다시 도전할 것이고 무슨 일이든 꼭 해봐야겠다는 생각이 들면 역시 행동에 옮길 것이다. 혹시 아는가? 나에게 아직 발견하지 못한 또 다른 재능과 꿈을 찾게 될지 말이다. 지금 당신이 읽고 있는 이 책도 그런 도전의 결과물이다. 돈에 관한 책을 두 권 쓴 뒤로 재테크 분야가 아닌 다른 장르의 책을 써보고 싶었다. 그리고 생각에 그치지 않고 행동에 옮겼다.

나는 그 외에도 해보고 싶은 일이 여럿 있기 때문에 하나둘씩 도 전해볼 생각이다. 그러다 보면 앞으로 10년 뒤에도 지금 내가 전혀 상상하지 못한 삶을 살고 있을지 모른다. 나이를 빨리 먹고 싶은 생각은 전혀 없지만 나는 10년 뒤에 또 얼마나 흥미로운 삶을 살고 있을까 생각하면 무척 기대가 된다.

인생이라는 시험은 단 한 번뿐이다. 그리고 어떻게 살아야 하는 가에 대한 정답이 없다. 그렇기 때문에 내가 살아가는 모습이 곧 정답인 셈이다. 그 시험에서 100점을 받든 80점을 받든 아니면 50 점을 받든 점수도 남이 주는 게 아니다. 내가 판단해서 내 인생에 대한 점수를 주는 것이다. 나는 마흔 살이 되던 날 내 인생에 80점 을 주었다. 남은 20점을 더 채워 100점을 받는 게 앞으로 내게 남 은 숙제다. 앞으로 30년 이상 더 살게 된다고 보면 남은 20점을 채 우는 일은 가능할 것으로 생각한다. 설령 그 20점을 채우지 못하더 라도 나는 후회 없이 살고 싶다. 그래서 오늘 하루도 나 자신을 위 해 무엇인가에 몰두하며 후회 없는 시간을 보냈다.

오늘 하루가 365번 모여 1년이 되고 그 1년이 10번 모여 10년이 된다. 그렇기 때문에 반복되는 하루를 후회 없이 살다 보면 결과적 으로 후회 없는 인생을 살게 될 것이다. 그렇다고 너무 멀리 내다 보며 살지는 않는다. 오늘 하루, 이번 한 달, 이번 한 해를 어떻게 살 것인지만 생각한다. 그렇게 살다 보니 어느덧 마흔이 넘었다. 그리고 지금까지 살아오면서 후회되는 일은 그리 많지 않다. 앞으로도 마찬가지일 것이라고 믿는다.

한 걸음만, 한 번만 더!

·

·

·

대한민국 최초의 우주 발사체 나로호, 몇 년 전 전라남도 고흥에 위치한 나로우주센터에서 2차 발사를 시도했지만 발사 2분 만에 공중에서 폭발해버렸다. 1차 실패에 이은 두 번째 발사 실패는 많은 국민을 아쉽게 했다. 그리고 지금 3차 발사를 준비 중이다. 나로호의 임무는 인공위성을 쏘아 올리는 것이다. 인공위성을 쏘아 올릴 때 가장 중요한 기술이 우주발사체로 불리는 로켓 기술이다. 아무리 훌륭한 인공위성을 만들어도 그것을 지구 바깥에 실어다 놓지 못하면 아무 짝에 쓸모없는 고철과 다름없기 때문이다. 나로호는 바로 그 로켓을 말한다. 나로호의 무게는 140톤에 달하는

데 그중 130톤은 연료가 차지한다. 전체 무게 중 90% 이상이 연료의 무게인 것이다. 인공위성의 무게는 100kg에 지나지 않기 때문에 나로호의 무게와 비교하면 모래 알갱이 수준이다. 나로호의 무게 중 연료의 비율이 대부분을 차지하는 이유는 지구의 중력이 그만큼 세기 때문이다. 즉 140톤이나 되는 나로호를 아래로 끌어내리려는 지구의 강력한 힘을 물리치며 하늘 위로 수직 상승하려면 끊임없이 연료를 태우면서 추진해야 한다. 그렇지 않으면 땅을 향해 자유낙하하게 된다. 결국 나로호는 모래 알갱이만한 인공위성을 지구 바깥으로 실어 나르는 꿈을 이루기 위해 자신의 온몸을 태워버리는 것이다. 하지만 나로호의 도움으로 지구의 중력에서 벗어나 우주 궤도에 진입한 인공위성은 힘들이지 않고 원심력에 의해 궤도를 순항할 것이다.

우리가 가슴 깊이 간직한 절실한 꿈을 이루기 위해서는 많은 노력이 필요하다. 인공위성을 쏘아 올리는 꿈을 이루기 위해 온몸을 불사르는 나로호처럼 우리도 열정을 불태우고 시련을 경험하지 않고서는 결코 꿈을 이룰 수가 없을 것이다. 하지만 우리가 일단 꿈의 궤도에 진입하고 나면 그때부터는 많은 힘을 들이지 않고도 순항할 것이다. 그렇기 때문에 꿈의 궤도에 진입할 때까지 노력을 멈추지 말고 시련을 견뎌야 하지만 꿈을 간직한 많은 사람이 안타깝게도 그 전에 포기하고 만다. 아직도 불태울 수 있는 연료가 많이 남았음에도 스스로 자유낙하를 선택하는 것이다. 조금만 더, 조금만 더 참고 하늘을 박차고 오르면 꿈의 궤도에 진입할 수 있는데 그것이 당장 눈앞에 보이지 않아 막막하기 때문에, 그리고 그동안 했던 노력과 수고가 물거품이 되는 게 아닐까 두렵기 때문에 더 이상 앞으로 나아가지 못한 채 땅으로 다시 내려오는 것이다. 이 얼마나 안타까운 일인가?

꿈을 이루는 것은 마치 물이 가득 고인 풍선이 터지는 것과도 같다. 풍선 입구를 수도꼭지에 걸고 계속 물을 틀어놓으면 풍선은 부풀어 오른다. 터질 듯 터질 듯하면서도 좀처럼 터지지 않고 계속 부풀기만 한다. 그 터질 듯한 순간마다 풍선은 얼마나 불안하고 고통스럽겠는가? 하지만 어느 순간이 지나고 나면 풍선은 퍽 소리를 내며 속이 후련하게 물을 터뜨리고야 만다. 아주 시원하게 말이다. 꿈을 이루는 과정도 그와 비슷하다. 열정을 태우며 많은 노력을 하더라도 꿈은 좀처럼 터지지 않고 가슴속에는 응어리가 고인다. 그리고 시간이 지날수록 그 응어리는 계속 부풀기만 한다. 하지만 어느 순간 꿈은 풍선 속 터진 물처럼 속이 시원하게 터지게 될 것이다. 당신도 나처럼 언젠가 그 쾌감을 꼭 경험해보기를 바란다.

·

·

시련은, 아프지만 소중한 자산이다

·

·

나는 군대에 다시 가라면 가겠지만 대학 시절로 돌아가라면 가지 않겠다는 말을 지인들에게 우스갯소리처럼 한 적이 있다. 그렇게 말하면 사람들은 웃었지만 사실 그 말은 진심이었다. 할 수만 있다면 공상과학 영화처럼 큰돈을 주고서라도 그때 겪었던 힘들었던 기억을 머릿속에서 깨끗이 지워버리고 싶었다. 나에게 가장 힘들었던 시기가 20대였고 특히 대학에 다니는 동안 가장 힘들었기 때문이다. 군 복무 기간을 포함해서 9년 동안 대학에 다녔지만 캠퍼스의 낭만보다는 돈과 가족 문제 때문에 힘들었던 기억만 떠오른다. 그리고 막막한 미래 때문에 불안하기만 했다. 사실 대학에 갓 입학했을 때만 해도 가슴이 부풀어 있었다. 이제 입시에서 벗어나 자유로운 대학생이 되었으니 열심히 놀고 여자 친구도 사귀면서 맘껏 대학 생활을 즐기겠다는, 그 나이 때면 누구나 해볼 만한 생각을 나도 했었다. 당시만 해도 아버지의 형편이 괜찮았기 때문에 내가 등록금을 걱정할 일도 없었고 용돈 걱정을 하지도 않았다. 하지만 그 시기에 친구들과 놀고먹고 마시고 즐기면서 했던 경험은 땅에 파묻히기라도 한 듯 잘 기억나지 않는다. 지우고 싶은 기억만 고구마 줄기를 캐듯 줄줄이 떠오른다.

그런데 나이가 들면서 그런 나의 생각이 차츰 바뀌기 시작했다. 취업하고 결혼하고 아이를 낳아 키우면서, 그리고 꿈을 찾아가는 과정에서 20대 때 했던 고민과 힘든 경험이 인생에 많은 도움이 된다고 느꼈기 때문이다. 지워야 하는 기억이 아니라 오히려 소중한 재산이라는 생각마저 든다. 그 재산은 내가 화목한 가정에서 자라고 별 어려움 없이 20대를 보냈다면 얻지 못했을 것이다. 『4개의 통장』이라는 책도, 그리고 지금 당신이 읽고 있는 이 책도 나에게 그런 시련이 없었다면 세상에 나올 수 없었을 것이다. 그렇다고 하지 않아도 될 고민과 힘든 경험을 일부러 할 필요는 없다. 젊어서 고생은 사서 한다는 말이 있지만 나는 그렇게 생각하지 않는다. 단 한 번뿐인 인생인데 안 해도 될 고생을 왜 애써 해야 하는가? 피할 수 있다면 피하는 게 좋다. 자신이 어떤 환경에서 살아가든 후회 없이 행복을 느끼며 살아가는 게 중요하지, 속세의 고통을 대신 지려는 수도승이 될 게 아니라면 일부러 고생을 사서 할 필요는 없다. 다만 당신이 지금 어떤 이유에서든 힘든 시기를 보내고 있다면 그 시련은 지나고 보면 소중한 자산이 될 것이라고 믿기를 바란다.

지금은 비록 그 시련의 끝이 잘 보이지 않더라도 진심으로 믿고 간절히 원한다면, 그리고 오늘 하루를 후회 없이 산다면 꼭 그렇게 될 것이다. 그러니 지금 당장 힘든 마음이야 어쩔 수 없겠지만 너무 지나치게 힘들어하지는 말았으면 좋겠다. 피할 수 없다면 즐기라는 식의 말은 하지 않겠다. 나는 그 말도 틀렸다고 생각한다. 피할 수 없어 억지로 겪어야 하는 일이라면 어떻게 즐길 수 있겠는가? 고역이 따로 없을 것이다. 피할 수 없어 괴롭다면 하루라도 빨리 그 상황에서 벗어나기 위해 치열하게 고민하고 발버둥 쳐야 한다. 다만 성급한 마음을 가져서는 안 된다. 성급한 마음은 될 일도 안 되게 만드는 아주 고약한 성질을 갖고 있기 때문이다. 꿈꾸기를 포기하지 말고 오늘 하루를 후회 없이 산다면 지금 당신의 시련은 언제가 멋진 추억으로 기억될 것이다.

KI신서 4405

너무 아프지 마, 결국 원하는 삶을 살 테니

1판 1쇄 발행 2012년 11월 5일
1판 2쇄 발행 2012년 12월 3일

지은이 고경호
펴낸이 김영곤 **펴낸곳** (주)북이십일 21세기북스
부사장 임병주
출판사업부문 총괄본부장 주명석 **MC기획1실장** 김성수 **BC기획팀장** 심지혜
책임편집 장보라 **디자인 본문** 디박스 **표지** dotf
마케팅영업본부장 최창규 **마케팅** 김현섭 최혜령 강서영 김다영 이은혜 **영업** 이경희 정병철 정경원
출판등록 2000년 5월 6일 제 10-1965호
주소 (우413-120) 경기도 파주시 화동길 201(문발동)
대표전화 031-955-2100 **팩스** 031-955-2122
이메일 book21@book21.co.kr
홈페이지 www.book21.com
21세기북스 트위터 @21cbook **블로그** b.book21.com

ⓒ 고경호, 2012

ISBN 978-89-509-4362-2 13320
책값은 뒤표지에 있습니다.